Kennedy Chifundo Adamson

Desenvolvimento de Infra-estruturas Rodoviárias na África Subsaariana:

Kennedy Chifundo Adamson

Desenvolvimento de Infra-estruturas Rodoviárias na África Subsaariana:

Perspectivas e Desafios de uma Perspetiva de Redução da Pobreza

ScienciaScripts

Imprint

Cover image: www.ingimage.com

This book is a translation from the original published under ISBN 978-620-2-02848-6.

Publisher:
Sciencia Scripts
is a trademark of
Dodo Books Indian Ocean Ltd. and OmniScriptum S.R.L publishing group

120 High Road, East Finchley, London, N2 9ED, United Kingdom
Str. Armeneasca 28/1, office 1, Chisinau MD-2012, Republic of Moldova, Europe
Printed at: see last page
ISBN: 978-620-7-65758-2

DEDICAÇÃO

À minha filha Michelle; à minha mulher Annie; e à minha mãe, Sra. Evelyn Mberenga. Que Deus vos guarde em segurança por mim.

AGRADECIMENTOS

Antes de mais, gostaria de agradecer a Deus Todo-Poderoso o dom da vida e da boa saúde durante todo o período em que tenho estado a realizar este trabalho. Esta oportunidade não poderia ter acontecido se não fosse o Teu amor sobre mim, Deus. Glória, honra e adoração sejam dadas ao Teu Santo Nome para todo o sempre.

Permitam-me também reconhecer profundamente a maravilhosa orientação dada pelo meu Tutor Pessoal, Diretor do Programa e Supervisor da Tese, Dr. Gavin Hilson. Toda a interação consigo, mesmo antes de eu estar oficialmente inscrito neste curso, moldou a minha escolha e, honestamente, tem sido uma experiência maravilhosa estudar sob a sua orientação. Os seus comentários e análise crítica do meu pensamento ao longo do curso e desta tese deram-me o desejo de fazer mais. As competências assim adquiridas serão muito úteis em todos os meus futuros passos académicos, na minha tentativa de seguir as suas admiráveis pegadas académicas.

Os meus agradecimentos ficarão incompletos se não mencionar o Beit Trust, em colaboração com a Universidade de Reading, por ter patrocinado os meus estudos. Uma menção especial vai para o Secretário do Trust, Major-General Angus Ramsay, que me visitou pessoalmente, encorajou e deu-me mais entusiasmo para trabalhar arduamente. Continuarei sempre a ser um orgulhoso bolseiro do Beit e, juntamente com a minha família, estaremos sempre gratos ao Trust e a todos os administradores por um gesto tão generoso.

Finalmente e com amor, agradeço à minha querida esposa Annie por ter aceitado ficar sozinha apenas alguns meses após o nosso casamento; e, mais importante, por ter suportado a experiência de ter a nossa primeira filha Michelle, na minha ausência. Tenho boas notícias para ti e para a minha filha: o trabalho árduo terminou; é tempo de estar de novo contigo.

ÍNDICE

LIST OF TERMS AND ABBREVIATIONS

Bank	The World Bank Group unless otherwise stated within the text
EIA	Environmental Impact Assessment
ESIA	Environmental and Social Impact Assessment
GDP	Gross Domestic Product
HDI	Human Development Index
HIPC	Heavily Indebted Poor Countries
IMF	International Monetary Fund
MDGs	Millennium Development Goals
MGDS	Malawi Growth and Development Strategy
NGO	Non-Governmental Organisation
OECD	Organisation for Economic Co-operation and Development
PRSP	Poverty Reduction Strategy Paper
SAP	Structural Adjustment Programme
SSA	Sub-Saharan Africa or Sub-Saharan African depending on context
SWAP	Sector-wide Approach
Region	Sub-Saharan Africa unless otherwise specified
UNDP	United Nations Development Programme

RESUMO

Embora a redução da pobreza esteja atualmente a ditar a política internacional de desenvolvimento, muitas pessoas na África Subsariana (ASS) continuam a viver em extrema pobreza. O que é que pode estar errado? As abordagens de desenvolvimento são correctas ou as políticas são relevantes? Este estudo analisa as infra-estruturas rodoviárias que, se forem seriamente consideradas, podem ter um impacto na maioria das populações rurais pobres da ASS. Considerando que as estradas constituem o principal meio de transporte no mundo, e que muitas pessoas pobres na ASS estão literalmente isoladas, esta tese encontra provas esmagadoras que apoiam a importância das estradas rurais na redução da pobreza.

No entanto, o estudo também estabelece que a corrupção generalizada está a revelar-se muito prejudicial para o desenvolvimento de estradas na região. Para além disso, tanto a disponibilidade como a atribuição de fundos continuam a ser complicadas, sendo a manutenção de estradas a que mais sofre com este desafio. A dissertação estabelece então um equilíbrio, mostrando algumas preocupações ambientais e sociais cruciais na construção de estradas, a fim de ter um desenvolvimento inclusivo.

Passando para o lado da política, é estabelecido que os DERP estão a dar prioridade inadequada às infra-estruturas rodoviárias. Consequentemente, a tese identifica lacunas crescentes entre a política e a implementação; falta de compromisso por parte de muitos governos na ASS; e estratégias sectoriais desarticuladas, como desafios críticos da política de desenvolvimento que afectam a melhoria da infraestrutura rodoviária. Por conseguinte, entre muitas outras coisas, recomenda uma melhor cobertura das estradas nos documentos políticos; maior transparência e responsabilidade; mais reformas institucionais do sector rodoviário; e, finalmente, programas rodoviários mais amigos do ambiente. Ao fazê-lo, argumentando a partir de uma perspetiva de redução da pobreza, o potencial de desenvolvimento que as estradas têm é suscetível de ser realizado, se os desafios identificados neste estudo forem bem abordados.

CAPÍTULO 1: INTRODUÇÃO

1.1 AS INFRA-ESTRUTURAS NO CONTEXTO DO DESENVOLVIMENTO INTERNACIONAL

Começou por ser um tratamento obscuro, mas estabeleceu-se progressivamente como um nome familiar neste século. Sim, afectou dolorosa e drasticamente o mundo de uma forma ou de outra, direta ou indiretamente. Trata-se da pobreza, que continua a ser um dos maiores desafios de desenvolvimento dos últimos tempos. Como defendem Green e Hulme (2005), o conceito de pobreza ocupou, de facto, o topo do pensamento, dos processos e das práticas de desenvolvimento actuais. No entanto, apesar de ser tão comum, a pobreza continua a ser um dos conceitos mais incompreendidos, o que explica, em parte, o facto de continuar a ser generalizada no meio de várias teorias e programas para a sua redução (Kothari e Minogue, 2002). Green e Hulme (2005) também utilizam as várias controvérsias em torno da definição, dos tipos, das causas e das características da pobreza como prova adicional da sua complexidade.

Numa perspetiva um pouco mais ampla, Willis (2011) observa ainda que medir o desenvolvimento em relação à redução da pobreza é outra área cinzenta. No entanto, a ferramenta de avaliação mais proeminente tem sido a abordagem económica ou de rendimento, que define os pobres como aqueles que vivem abaixo do limiar de pobreza (Handley, *et al.,* 2009). Mais uma vez, este limiar de pobreza é definido de forma diferente, sendo os limiares mais comuns 1 dólar; 1,25 dólares; e 2 dólares por dia, demonstrando assim "os consideráveis debates conceptuais e filosóficos" gerados por esta abordagem do limiar de pobreza (Sen, 1983 in Hargreaves *et al.,* 2007, p.213). No entanto, tem havido uma expansão louvável da abordagem do rendimento ao trazer outros paradigmas que conceptualizam a pobreza a partir de uma perspetiva relativamente multidimensional. Esta perspetiva explica a pobreza como um produto de liberdades individuais limitadas, instituições inadequadas e discriminatórias e sistemas políticos falhados, entre outros (Sen, 1999 citado por Nelson, 2007). Handley *et al.,* (2009) acrescentam a esta visão alargada a abordagem das necessidades básicas, a abordagem das capacidades (também em Sen, 1999) e a abordagem do desenvolvimento humano (também utilizada no PNUD, 1990) como medidas complementares adequadas na procura de uma compreensão mais holística da pobreza. Em apoio a esta perspetiva multidimensional, há uma utilização generalizada de indicadores não puramente económicos, como o Índice de Desenvolvimento Humano (IDH) do PNUD e as medidas de exclusão social, insegurança e privação da OCDE nos aspectos político-económicos humanos (OCDE, 2006; Handley *et al.*, 2009). Deve, no entanto, reconhecer-se que todas estas abordagens e indicadores de medição têm as suas próprias limitações. Talvez a falha mais notável seja o seu pressuposto inerente de que o desenvolvimento pode ser medido quantitativamente, ignorando outros aspectos qualitativos que também contribuem para a melhoria socioeconómica humana. Além disso, todos estes diferentes indicadores são equívocos no que diz respeito ao que realmente medem, de tal modo que a análise crítica da sua adequação deixa frequentemente muitas perguntas sem resposta.

Entre as várias estratégias de redução da pobreza adoptadas nos últimos tempos contam-se os relativamente ambiciosos Objectivos de Desenvolvimento do Milénio (ODM, ver quadro 3), cujo objetivo global é reduzir a pobreza entre os cerca de mil milhões de pessoas que vivem na pobreza absoluta (Naude, 2008). Collier (2008) chama a este grupo os "mil milhões da base". No entanto, a menos de três anos do prazo de 2015 para a realização dos Objectivos de Desenvolvimento do Milénio, a esfera pobre do mundo ainda não fez progressos significativos no sentido de atingir esses objectivos. Apesar de serem criticados por terem origem numa compreensão incorrecta da pobreza (Willis, 2011), com a qual este estudo concorda, os ODM forneceram, até certo ponto, um quadro para um desenvolvimento consolidado desde a última década. Isto é assim independentemente do enfoque tendencioso dos ODM em indicadores quantificáveis como as infra-estruturas. No quadro dos ODM, a provisão de infra-estruturas é vista como um passo em frente para a redução da pobreza a longo prazo.

Esta dissertação será, portanto, enquadrada na "perspetiva da pobreza crónica", notavelmente convincente, avançada por Green e Hulme (2005, p.867). Esta perspetiva, entre outras questões, argumenta que o isolamento físico, a exclusão social e a marginalização agravam a pobreza ao limitarem a capacitação das pessoas para um desenvolvimento efetivo e significativo. A África Subsariana é uma dessas regiões do mundo que, apesar de vários progressos em matéria de desenvolvimento, continua a ser uma das mais inacessíveis e menos desenvolvidas e tem milhões de pessoas a viver em condições de pobreza extrema (Sachs, 2005). Calvo (1998, p.1) sublinha ainda este ponto, argumentando que "as avaliações da pobreza na África Subsariana sublinham a estreita ligação entre o isolamento e a pobreza rural". Handley *et al.,* (2009, p.1.) descrevem de forma notável a mesma situação da seguinte forma:

> A ASS é afetada por muitas formas de pobreza. As pontuações do IDH na maioria dos países da ASS estagnaram ou diminuíram desde 1990, deixando esta região como a mais pobre do mundo. De facto, 28 dos 31 países com baixo desenvolvimento humano encontram-se na ASS (PNUD, 2006: 265). A análise da pobreza monetária é igualmente dececionante. Desde 1990, a pobreza monetária diminuiu em todas as regiões do mundo, exceto na ASS, onde se verificou um aumento tanto da incidência como do número absoluto de pessoas que vivem em situação de pobreza monetária. Assim, cerca de 300 milhões de pessoas na ASS - quase metade da população da região - vivem com menos de 1 dólar por dia (PNUD, 2006: 269).

A partir destas observações chocantes, a África Subsariana constitui uma boa área de estudo, uma vez que é a mais pobre, a que regista o crescimento económico mais lento e também a menos desenvolvida em termos de várias infra-estruturas do planeta. As várias abordagens à redução da pobreza identificadas até agora foram experimentadas nesta região, produzindo diversas obras literárias impressas e electrónicas sobre a pobreza e o desenvolvimento internacional. Esta dissertação baseará, portanto, as suas informações, inferências e análises nesta rica literatura sobre a pobreza e o desenvolvimento na ASS. Isto justifica, portanto, um enfoque deliberado em algumas questões da área de estudo, a fim de identificar e contextualizar o problema em análise, o que é feito na secção seguinte.

1.2 DECLARAÇÃO DO PROBLEMA: UMA BREVE PANORÂMICA DOS PROBLEMAS NA ÁREA DE ESTUDO

A África Subsariana tem uma população total de mais de 850 milhões de pessoas, de acordo com um relatório de 2011 do Banco Mundial (http://data.worldbank.org/indicator/SP.POP.TOTL). Apesar da crescente urbanização, a pobreza na África Subsariana é extremamente grave entre os habitantes das zonas rurais, que representam mais de 70% da população total de África (Karekezi, 2002). Trata-se de uma região muito interessante, uma vez que é simultaneamente o paraíso dos recursos naturais e o inferno da pobreza. Isto faz com que a região forneça uma exemplificação ímpar da correlação negativa entre a abundância de recursos naturais e o desenvolvimento económico resultante, designada como o fenómeno da "maldição dos recursos" ou a hipótese do "paradoxo da abundância" (Watts, 2005; Karl, 1997; Sachs e Warner, 1995).

Outra caraterística observável na ASS é o facto de se presumir que a sua economia se baseia predominantemente na agricultura. Apesar dos níveis consideráveis de diversificação dos meios de subsistência (Barrett *et al.*, 2001; Hilson, 2009), a ignorância deliberada desta realidade faz com que a região continue a depender da agricultura de sequeiro. Neste caso, com infra-estruturas de irrigação pouco fiáveis e regimes climáticos imprevisíveis, "a ASS é a única região do mundo onde a prevalência da fome é superior a 30% e o número absoluto de pessoas subnutridas está a aumentar" (Sanchez e Swaminathan, 2005 citado por Hanjira *et al.*, 2009:p. 1062).

Como se isto não bastasse, a ASS também detém outro recorde pouco invejável de ter os níveis mais elevados de migração rural para urbana e de emigração regional que, de acordo com Naude (2008), resultam principalmente de um fraco crescimento económico. Enquanto a primeira aumenta a pobreza urbana e sobrecarrega a capacidade das administrações locais para prestarem adequadamente os serviços municipais (Henry *et al.*, 2006), uma das consequências da segunda é a escassez aguda de pessoal qualificado devido à fuga de cérebros; ambos os casos contribuíram para fazer descer a região na escala do desenvolvimento.

Além disso, as credenciais de governação da ASS não estão actualizadas, uma vez que os regimes corruptos utilizam frequentemente as rendas dos recursos naturais para se manterem no poder, com pouca atenção à situação dos pobres das zonas rurais (Ackah-Baidoo, 2012). Durante muito tempo, a região forneceu provas positivas da "hipótese de que o petróleo impede a democracia" (Ross, 2001; 2003), uma vez que a maioria dos países ricos em petróleo da região não são democráticos. Este facto resultou frequentemente em conflitos civis, que vieram juntar-se à lista já exaustiva de características indesejáveis.

A partir desta análise situacional mais alargada, é evidente que a ASS não é o melhor dos sítios para viver e o aprofundamento de todas estas questões ultrapassará o âmbito deste estudo. Como tal, limitar-nos-emos às infra-estruturas e à pobreza, tendo em conta que os países pobres são frequentemente descritos em termos dos seus níveis de infra-estruturas (Luiz, 2010). Entretanto, é pouco provável que a região cumpra os ODM, uma vez que as zonas rurais continuam a não dispor de níveis aceitáveis de infra-estruturas de saúde, água, educação, transportes e comunicações.

Uma análise crítica das intervenções anteriores revela esforços de redução da pobreza através de projectos gigantescos e ambiciosos, como barragens e centrais eléctricas (Strickland e Sturm, 1998), que foram frequentemente mal executados. Estes projectos tornaram muitas vezes os pobres mais pobres através de externalidades negativas e de programas de reinstalação involuntária implementados à pressa (Cernea, 1997). Este estudo irá, portanto, explorar a possibilidade e os desafios de chegar aos pobres diretamente nas suas áreas através do desenvolvimento de infra-estruturas com uma boa relação custo-eficácia. Contra o pensamento popular de que quanto maior for a infraestrutura melhor será o impacto, como criticado anteriormente por Payer (1982), esta tese centrar-se-á na forma como a infraestrutura rodoviária, enquanto meio mais barato e dominante de chegar às zonas rurais (Ado-Abedi, 2007), pode ajudar a reduzir a pobreza, gerando assim a tão necessária prosperidade económica na ASS.

1.3 FUNDAMENTAÇÃO E JUSTIFICAÇÃO DO ESTUDO

À escala mundial, o transporte rodoviário cobre 80% e 60% dos movimentos de passageiros e de mercadorias, respetivamente, com estatísticas ainda mais elevadas na África Subsariana (Brushett, 2005, p.3). Tendo isto em conta, é justificável e interessante estudar o desenvolvimento das infra-estruturas rodoviárias na África Subsariana numa perspetiva de redução da pobreza. As constatações testarão a adequação de uma abordagem de microperspectiva para o desenvolvimento em vez dos projectos tradicionais de nível macro, uma vez que esta última abordagem aumentou tanto os números de investimentos cumulativos no papel como os níveis de pobreza rural no terreno. Os decisores políticos e os planeadores do desenvolvimento beneficiarão, portanto, desta tese, uma vez que as ideias geradas ajudarão a melhorar as concepções dos programas e a prestação de serviços, a fim de ter um impacto na maioria das populações rurais pobres da ASS através de uma rede rodoviária melhorada.

1.4 OBJECTIVOS DO ESTUDO

O principal objetivo do estudo é investigar as perspectivas e os desafios do desenvolvimento das infra-estruturas rodoviárias na África Subsariana com vista a reduzir a pobreza. Este objetivo será alcançado através dos seguintes objectivos específicos:

i. Fornecer uma análise aprofundada das perspectivas de desenvolvimento das infra-estruturas rodoviárias na África Subsariana.

ii. Identificar os pontos de estrangulamento que afectam o desenvolvimento do sector rodoviário na região.

iii. Avaliar criticamente as políticas e reformas do sector rodoviário na região.

1.5 CONCLUSÃO

Tal como foi corretamente observado por Lyenda (2007), é lamentável que a ASS tenha registado várias formas de pobreza extrema, exclusão e miséria. É mais do que tempo de as abordagens de desenvolvimento serem realinhadas para se concentrarem nas zonas rurais, mesmo através de intervenções simples como a acessibilidade física. Como tal, o foco desta tese nas infra-estruturas rodoviárias é oportuno, justificável e bem orientado em relação à pobreza e ao desenvolvimento.

A estrutura para o resto da dissertação é a seguinte: O próximo capítulo fornece alguma informação de base sobre o desenvolvimento da infraestrutura rodoviária e dá perspectivas do que a ASS pode ganhar com uma melhor conetividade rodoviária. Segue-se o capítulo três, que se concentra nos principais desafios que afectam o desenvolvimento rodoviário na região, ainda em referência à pobreza e ao desenvolvimento. Estes desafios são trazidos para a arena política no capítulo quatro, onde os actuais avanços e reformas no sector rodoviário foram avaliados e analisados criticamente. Finalmente, o capítulo cinco contém todas as recomendações de política e implementação seguidas por áreas para pesquisa adicional antes de uma conclusão final.

CAPÍTULO 2: PANORÂMICA GERAL DO DESENVOLVIMENTO DAS INFRA-ESTRUTURAS NA ÁFRICA SUBSARIANA

2.1 INTRODUÇÃO

Tal como referido no capítulo introdutório, o desenvolvimento pode estar ligado a ideias contestadas de modernidade e bem-estar económico, apesar de todas estas serem inconclusivas e problemáticas de medir (Willis, 2011). Neste contexto, a complexidade da agenda do desenvolvimento resultou na evolução de várias teorias que foram experimentadas em diferentes áreas do globo com o objetivo último de reduzir a pobreza. Durante as últimas três décadas, os pontos de vista dos economistas influenciaram a política de desenvolvimento internacional, como evidenciado por uma grande ênfase na abordagem dos condicionalismos do mercado através da privatização, da liberalização do mercado e das reformas regulamentares, como observado por Parker *et al.*, (2008). Em última análise, esta abordagem foi considerada adequada para atrair o investimento privado para o desenvolvimento de infra-estruturas, que é considerado como uma porta de entrada para o desenvolvimento económico. Nesta perspetiva, Andersson e Andersson (2008) observam que o desenvolvimento a longo prazo é determinado pelas infra-estruturas que ligam vários locais. Shilling *et al.* (2007, p.1) concordam com este ponto de vista, argumentando corretamente que as infra-estruturas de energia, transportes e água estão "no cerne do desenvolvimento económico e social". Utilizando este argumento, é fácil deduzir que tanto a falta como a presença de infra-estruturas de má qualidade têm suscitado preocupação em vários debates sobre a transformação económica e social da África Subsariana. Este capítulo é, portanto, dedicado a uma análise aprofundada da literatura sobre o desenvolvimento de infra-estruturas, que mais tarde será restringida às estradas na África Subsariana. Desenvolve um quadro geral de áreas temáticas relevantes que serão alargadas e analisadas nos capítulos posteriores da dissertação.

2.2 DESENVOLVIMENTO DAS INFRA-ESTRUTURAS RODOVIÁRIAS EM RELAÇÃO À REDUÇÃO DA POBREZA

Entre os muitos projectos de infra-estruturas, Luiz (2010, p. 513) utiliza o termo "infra-estruturas de base" para se referir aos transportes, à água e à energia, descrevendo o papel vital que desempenham na produção económica. A partir destes serviços de infra-estruturas de base, Leinbach (1995) apresenta provas notáveis em apoio do papel importante predominante que os transportes, em geral, desempenham no desenvolvimento socioeconómico. Mais uma vez, no âmbito desta infraestrutura de transportes, Messick (2011) vai mais longe e argumenta especificamente que as estradas bem planeadas, rotineira e adequadamente mantidas e, em geral, seguras, são excecionalmente importantes para o crescimento económico e a redução da pobreza.

Além disso, várias publicações do Banco Mundial indicam que o Banco tem vindo a concentrar-se no financiamento de estradas como parte da sua agenda de desenvolvimento ao longo de toda a sua história (http://go.worldbank.org/CTTE8FYKC0); embora esta afirmação seja suscetível de uma análise parcial, uma vez que provém da avaliação do próprio Banco. Neste contexto, é interessante notar que o Banco Mundial desembolsou cerca de 56 mil milhões de dólares americanos aos seus países clientes para estradas e despesas relacionadas com estradas entre 2000 e 2010; e só em 2008, as estradas representaram 70% do seu total de empréstimos para investimento (Banco Mundial, 2009). Como destacado na secção 1.3, se esta tendência de investimento é alguma coisa, então é um desenvolvimento bem-vindo, considerando que, à escala mundial, o transporte rodoviário representa 80% e 60% do tráfego de passageiros e de carga, respetivamente (Brushett, 2005, p.3).

Para além do seu domínio universal, as estradas têm uma importância especial e crítica nos meios de subsistência das comunidades da África Subsariana, para as quais constituem frequentemente o único meio de transporte. Ajakaiye e Ncube (2010) observaram esta importância extra das estradas e argumentaram que, em parte devido à falta de fiabilidade da rede rodoviária, a África Subsariana é a zona mais dispendiosa do mundo para fazer negócios. Deve, no entanto, notar-se que, apesar da atenção considerável na literatura, os impactos do desenvolvimento da infraestrutura rodoviária em vários aspectos da vida humana permanecem controversos e empiricamente inconclusivos (Blum, 1982; Bryan *et al.*, 1997; Holl, 2004; Olsson, 2009). Esta secção discute *dois* pontos de vista sobre o desenvolvimento da infraestrutura rodoviária em relação à redução da pobreza.

O primeiro ponto de vista é o de que não existe uma relação causa-efeito clara entre a quantidade e a qualidade das infra-estruturas rodoviárias e o desenvolvimento económico (Cook, 2011); e, como observam Banister e Berechman (2000), esta linha de pensamento tem sido amplamente investigada na literatura. Diamond e Spence (1984) argumentam que, embora a economia neoclássica proponha uma correlação inversa entre a provisão de infra-estruturas e os custos directos de produção, a correlação real na obtenção do suposto desenvolvimento económico carece frequentemente de provas convincentes. Esta escola de pensamento também foi apoiada por Linneker e Spence (1996) que, sem excluir a possibilidade de alguma correlação, argumentaram que a direção, a força, a magnitude e a replicabilidade desta relação são incertas.

Banister e Berechman (2000) analisaram a história das infra-estruturas rodoviárias e ferroviárias desde a revolução industrial e concluíram que as mudanças na agricultura e na indústria estimularam o crescimento económico que, por sua vez, provocou um aumento substancial do tráfego. Ficou, portanto, demonstrado que "a melhoria dos transportes foi um luxo decorrente do desenvolvimento económico" (p. 11) e não o contrário. Este resultado está de acordo com as conclusões anteriores de Dodgson (1974), que apenas estabeleceu uma relação mínima entre a redução dos custos de transporte e o crescimento e disponibilidade do emprego a nível sub-regional.

Botham (1980) efectuou outra análise de estudo de caso do mesmo nexo transporte rodoviáriodesenvolvimento utilizando a iniciativa britânica de infra-estruturas rodoviárias especiais nas décadas de 1950 e 1960. A sua análise concluiu que o programa centralizou a distribuição do emprego, mas, tal como Dodgson (1974), concluiu que os seus efeitos no desenvolvimento regional mais alargado eram pequenos e pouco claros. Mais uma investigação realizada mais de uma década depois por Linneker e Spence (1992) sobre o impacto da acessibilidade trazida pela construção de novas estradas encontrou resultados ainda mais controversos. A sua investigação sobre o impacto da M25 London Orbital Motorway revelou que muitas zonas se tornaram mais acessíveis em resultado da nova autoestrada, com reduções bastante observáveis no tempo de viagem. No entanto, o mesmo período foi caracterizado por aumentos sem precedentes do valor do tempo e dos custos de exploração dos veículos, o que os levou a argumentar que, a longo prazo, a M25 não trouxe benefícios económicos positivos directos. Os mesmos autores contradisseram Dodgson e Botham num estudo posterior, quando encontraram uma correlação direta entre a acessibilidade e a dinâmica do emprego. Neste caso, concluíram que as zonas mais acessíveis estavam a perder mais emprego para outras zonas e vice-versa (Linneker e Spence, 1996).

Perante as muitas contradições que vários estudos traziam sobre o nexo de causalidade-efeito, Banister e Berechman (2000) argumentaram mais tarde a partir de uma abordagem intermédia, mostrando que as estradas por si só não podem desencadear o desenvolvimento económico e devem, portanto, ser usadas em conjunto com outras políticas de investimento sólidas para um crescimento económico indiscutível. Além disso, Leinbach (1995) critica a abordagem de análise linear de custo-benefício utilizada pelos investigadores anteriores, considerando-a demasiado simplificada para desvendar com mérito a relação rica e bastante complexa que existe entre o transporte rodoviário e o desenvolvimento económico. Além disso, há que reconhecer que todos estes autores realizaram os seus estudos em países atualmente desenvolvidos, que já eram líderes tecnológicos na altura da sua investigação. Neste contexto, é possível constatar que o avanço tecnológico faz com que os custos de transporte sejam uma parte insignificante da cadeia de produção (Daly e Farley, 2011); daí as suas conclusões comuns de correlação negativa, negligenciável ou pouco clara entre estradas e desenvolvimento económico.

Contra estas visões de incerteza causal e de efeito, há um outro grupo de autores que defende uma correlação positiva inequívoca entre os níveis de infra-estruturas rodoviárias e o desenvolvimento socioeconómico (Aschauer, 1989; Leinbach 1995; Mas *et al.,* 1996; Andersson e Andersson, 2008). Sem rodeios, Luiz (2010, p.515) argumenta que "as evidências são claras de que a infraestrutura pode desempenhar um papel catalisador na promoção do crescimento e do desenvolvimento". A Estratégia de Transportes 2008-2012 do Banco Mundial apoia fortemente este ponto de vista da seguinte forma:

> Uma análise transnacional efectuada para o Relatório sobre o Desenvolvimento Mundial de 1994 confirma a importância das estradas para o desenvolvimento, encontrando uma relação linear forte e consistente entre a extensão da rede rodoviária do país e o seu nível de desenvolvimento (Messick, 2011, p. 1).

Além disso, Demurger (2001) observa que a infraestrutura de transporte é um pré-requisito importante para o desenvolvimento do mercado e o crescimento económico e, portanto, o investimento no mesmo; Shurenberg-Frosch (2010) argumenta ainda, é crucial. Além disso, Simon (1987) identificou e classificou os benefícios rodoviários em benefícios directos (utilizadores primários) e secundários (efeitos indirectos de desenvolvimento) e argumentou que, em virtude de atingirem diretamente os consumidores, os primeiros são frequentemente considerados mais importantes do que os segundos. Os benefícios directos incluem a redução do tempo de viagem, a redução dos custos operacionais e a melhoria da fiabilidade dos transportes. Por outro lado, os efeitos indirectos do desenvolvimento incluem a melhoria dos sistemas de produção, da qualidade e da quantidade da produção; oportunidades de emprego estáveis; e serviços de transporte e de comunicação com capacidade de resposta, entre outros (Olsson, 2009). No entanto, um olhar crítico sobre estas duas categorias de benefícios rodoviários mostra a sua rica interconexão no sentido de que, mantendo-se tudo igual, ambas reduzem os custos de produção, permitindo assim que o público em geral obtenha bens e serviços a preços acessíveis para o desenvolvimento económico.

Apesar destes benefícios, deve também referir-se que a metodologia frequentemente utilizada para os medir é também contestada e pouco clara. Como observado por van De Walle (2002), a análise tradicional de custo-benefício que é mais usada é pró-urbana e não capta alguns benefícios sociais que não são facilmente quantificáveis. De acordo com este argumento e considerando a pobreza crónica na região de estudo, será mais razoável basear o investimento em estradas na abordagem de bem-estar social e não na abordagem de eficiência económica (van de Walle, 2002; Porter, 2005). Isto é assim porque a construção de estradas dependendo da sua rentabilidade deixará automaticamente muitas pessoas pobres na ASS rural ainda sem ligação, uma vez que as estradas rurais são frequentemente subutilizadas (Bryceson *et al.*, 2008), portanto economicamente não rentáveis. Na mesma linha, a abordagem de bem-estar social irá olhar para além dos retornos de investimento ao captar as ligações e serviços sociais que a estrada traria aos marginalizados mesmo na ausência de retornos monetários quantificáveis (ver a próxima subsecção). No entanto, independentemente desta discussão metodológica, vale a pena reconhecer que as redes rodoviárias e a acessibilidade geral ainda são cruciais para atrair investimentos empresariais, gerar emprego e transformar os padrões de povoamento para o ressurgimento económico. A partir destes argumentos, pode concluir-se que, apesar de vários desacordos contextuais, ainda há um consenso geral de que a infraestrutura rodoviária é muito importante para o desenvolvimento económico e isto torna-se ainda mais crítico nos países em desenvolvimento como a ASS.

No que se refere especificamente à área de estudo, o transporte rodoviário é muito importante, uma vez que representa mais de 80% e 60% dos movimentos de passageiros e de carga, respetivamente, uma utilização mais elevada em comparação com o resto do mundo (Brushett, 2005). Nega *et al.*, (2011, p.245) argumentam, com razão, que "as estradas estão ligadas a todos os aspectos da vida moderna de forma muito significativa, e parece impossível imaginar um mundo sem elas". Um estudo exaustivo de Gachassin *et al.* (2010) classificou a importância do desenvolvimento das infra-estruturas rodoviárias em *três* canais: capital humano, acesso ao mercado e actividades laborais. Esta classificação convincente está em conformidade com o primeiro objetivo específico do presente estudo (ver secção 1.4) e é, por conseguinte, adoptada e discutida da seguinte forma:

2.2.1 Estradas e desenvolvimento do capital humano

No *canal de desenvolvimento do capital humano,* as estradas melhoram o acesso das pessoas pobres às necessidades sociais, como cuidados de saúde, trabalho, aconselhamento agrícola e educação (Santos *et al.*, 2010), que Wanmali e Islam (1997) designam por "infra-estruturas suaves". Sem dar muita ênfase às questões relacionadas com a disponibilidade destes serviços de infra-estruturas sociais, que não se enquadram no âmbito desta análise, deve notar-se que a maioria das populações rurais pobres está fisicamente isolada destes serviços, o que agrava a sua pobreza (Calvo, 1998; Green e Hulme, 2005). Apesar dos esforços de algumas administrações locais e organizações não governamentais (ONG) para chegar a estas populações rurais pobres isoladas, continua a existir aquilo a que Chambers, em 1983, chamou "a tendência para o alcatrão" na prestação de serviços por parte de muitas ONG e funcionários governamentais (Porter, 2002). Com o preconceito do alcatrão, os fornecedores de desenvolvimento preferem muitas vezes trabalhar com comunidades que são mais acessíveis por estradas com todas as condições climatéricas para evitar os custos acrescidos e as condições gerais de viagem desagradáveis associadas às comunidades marginalizadas.

Perante este cenário, Lyenda (2007) observa, com razão, que a pobreza rural absoluta não depende apenas dos níveis de rendimento, mas também da exclusão social, que impede o acesso às infra-estruturas sociais acima referidas. Esta situação agrava-se ainda mais quando é agravada pelo isolamento físico, que resulta principalmente da fraca conetividade rodoviária. Utilizando estudos de caso da Zâmbia e da Etiópia, Bryceson *et al.* (2008) concluíram que, em zonas remotas extremamente isoladas, a melhoria das infra-estruturas rodoviárias pode induzir, facilitar e/ou alargar a prestação de vários serviços sociais. Wanmali e Islam (1997) obtiveram resultados positivos semelhantes quando estudaram o impacto das infra-estruturas rurais e do desenvolvimento agrícola na Zâmbia e no Zimbabué. Outras provas são fornecidas pelo Grupo do

Banco Africano de Desenvolvimento (2004), que refere que as melhorias da rede rodoviária nas zonas rurais do Malawi aumentaram o acesso à educação, à saúde e às instituições governamentais, embora esta afirmação não tenha sido fundamentada por dados estatisticamente quantificáveis. No entanto, por muito que os pobres possam estar a subutilizar as estradas em termos económicos devido à falta de bens fiáveis, como Bryceson *etal.* (2008) reconhecem, deve argumentar-se que redes rodoviárias não fiáveis privam as mesmas pessoas pobres de capital social, que é importante para a autossuficiência e a redução proactiva da pobreza.

Jaarsma e van Dijk (2002) apoiam ainda mais esta ideia ao mostrarem que as estradas rurais têm uma influência adicional nas comunicações a nível individual, o que é essencial para a capacitação e a criação de redes para o desenvolvimento. Esta maior mobilidade e melhor acesso resultam numa melhoria proactiva dos meios de subsistência, mesmo sem um sistema de tráfego local regular e organizado. Esta observação está de acordo com Leinbach (1995), que defende que um melhor acesso físico a serviços essenciais é muito importante para o desenvolvimento do capital humano, o que se pode traduzir em crescimento económico nacional e redução da pobreza. Talvez não possa haver melhor conclusão no âmbito do canal de desenvolvimento do capital humano do que a seguinte observação surpreendente de Calvo (1998, p.vi-abstract):

> A redução da pobreza exige um melhor acesso às infra-estruturas sociais e económicas. E, por sua vez, a melhoria do acesso depende de melhores infra-estruturas de transporte, incluindo estradas, caminhos, trilhos e pontes pedonais.

2.2.2 O papel das infra-estruturas rodoviárias nos mercados de produtos

De acordo com Kelly *et al.* (2003), as políticas de desenvolvimento na década de 1980 envolveram principalmente reformas económicas destinadas a impulsionar a agricultura através da liberalização da economia de mercado e de uma maior prudência fiscal na ASS (ver mais na subsecção 4.2.1). No centro destas reformas estavam medidas destinadas a melhorar a produção através da disponibilidade de factores de produção. No entanto, não existia um quadro adequado para traduzir esta política em resultados práticos, como o demonstra a falta de prioridade atribuída às infra-estruturas rodoviárias como instrumento de acesso ao mercado em todo o processo de reforma económica.

Isto traz a importância do *canal de acesso ao mercado* das estradas na redução da pobreza. Neste contexto, as infra-estruturas rodoviárias reduzem os custos de transporte, o que, por sua vez, melhora a disponibilidade de insumos para o aumento da produção rural. Uma melhor ligação aos mercados facilita a entrega atempada dos produtos agrícolas que, no final, atrai melhores preços para os agricultores rurais. Como observado por Dorosh *et al.*, (2009), a ASS mostra uma correlação direta elevada entre a produção agrícola e a proximidade dos mercados de produtos nas zonas urbanas. Neste caso, as áreas próximas dos centros de mercado têm frequentemente demonstrado um sucesso considerável na produção agrícola, uma vez que os mercados urbanos prontos para produtos agrícolas frescos actuam como incentivos para o aumento da produção. Com melhores estradas, tanto os agricultores como os consumidores beneficiam mutuamente, uma vez que estes últimos estão mais dispostos a oferecer preços mais elevados pelos produtos agrícolas frescos que satisfazem. Dercon *et al.* (2009) também efectuaram uma investigação nas zonas rurais da Etiópia e concluíram que a existência de melhores estradas rurais permite que as famílias acedam aos mercados locais nas suas imediações, os quais, por sua vez, estão ligados a mercados urbanos de maior dimensão, proporcionando assim aos produtores locais uma rara ligação a uma extensa cadeia de mercado.

Foram também observadas mais provas de como as estradas melhoram os mercados e ajudam a reduzir a pobreza noutros países em desenvolvimento fora da África Subsariana. Por exemplo, Olsson (2009) constatou que a melhoria da acessibilidade rodoviária nas Filipinas catalisou um notável boom comercial devido à diminuição dos custos operacionais das empresas e a uma melhor complementaridade entre os mercados e as áreas de produção. Isto permitiu que os pequenos comerciantes de peixe aumentassem os seus perfis de rendimento e aquisição de activos. Um cenário semelhante foi também observado por Fan e Chan-Kang (2008), que argumentam que o recente sucesso económico da China pode ser atribuído a mudanças políticas e institucionais sensíveis, juntamente com o aumento dos investimentos em estradas e outras infra-estruturas essenciais. O seu estudo concluiu igualmente que as estradas rurais proporcionam mais do quádruplo dos benefícios primários e secundários em comparação com montantes iguais investidos em estradas urbanas de alta qualidade, argumentando que as primeiras aumentam os perfis de rendimento de muitas pessoas pobres que as utilizam para transportar os seus produtos para os mercados.

Ainda dentro deste argumento de acesso ao mercado, o grau de importância muda completamente em países como o Malawi, onde o transporte representa até 55% dos custos totais de produção, em comparação com 17% noutros países em desenvolvimento (Lall *et al.*, 2009; Kulemeka, 2010). Este custo alarmantemente mais elevado tem sido largamente atribuído à fraca qualidade e quantidade de infra-estruturas rodoviárias, bem como à estrutura geral do mercado da indústria de camionagem. Além disso, Obare *et al.* (2003) realizaram um estudo sistemático no Quénia e constataram que os elevados custos de transporte estavam a reduzir consideravelmente a produção agrícola e o rendimento rural. Consequentemente, muitos agricultores registaram reduções significativas nas suas reservas alimentares de subsistência, o que expôs mais famílias à fome e à pobreza. A diversificação dos meios de subsistência também ficou comprometida, uma vez que muitos agricultores que foram afastados da agricultura não puderam ser poupados à deterioração da acessibilidade do mercado, mantendo assim muitas pessoas na pobreza. A implicação política desta constatação foi que "os governos de países como o Quénia, cujos sectores agrícolas são dominados por pequenos agricultores, deveriam investir na melhoria das infra-estruturas rodoviárias rurais" (p.253) para melhorar o acesso dos agricultores aos mercados e melhorar os seus meios de subsistência.

Para além desta observação, a falta de acesso das zonas rurais aos mercados permite que intermediários astutos tirem partido e ofereçam preços de exploração às populações rurais pobres. Tal como no caso do Quénia, esta situação não afecta apenas a produção agrícola, mas também prejudica outras tentativas de diversificação dos meios de subsistência, como a exploração mineira artesanal (Hilson, 2009) e o comércio de produtos de base. Isto deve-se ao facto de as pessoas terem dificuldade em vender os seus produtos e acabarem por não diversificar ou por serem exploradas pelos intermediários. Isto, portanto, apoia o argumento desta tese de que, em vez de promover projectos grandes e ambiciosos, a melhoria do acesso ao mercado através de melhores estradas irá aumentar a produção agrícola para satisfazer a crescente procura de alimentos a melhores preços; facilitar a comercialização de outras opções de meios de subsistência não agrícolas; e aumentar a rede social para a redução da pobreza.

2.2.3 O canal das actividades laborais

Finalmente, a partir da classificação de Gachassin *et al.*, (2010), o *canal das actividades laborais* compreende o consenso geral sobre a ideia de que as infra-estruturas de transportes ajudam a reduzir a pobreza através da criação de emprego. As infra-estruturas rodoviárias atraem novos investimentos e oportunidades de emprego de várias formas. Em primeiro lugar, uma vez que a construção de estradas é altamente mecanizada, as políticas laborais em muitos países obrigam os empreiteiros a empregar trabalhadores ocasionais para as tarefas menos técnicas da mão de obra local (Calvo, 1998). Neste caso, embora os empregos sejam temporários, eles tornam-se oportunidades substanciais para o trabalho assalariado regular na vida de muitos. Como tal, não só os trabalhadores usam os salários para satisfazer as suas necessidades imediatas; mas também, parte do rendimento realizado pode ser reinvestido em negócios de pequena escala a longo prazo que os sustentam para além do período de emprego. Neste caso, as estradas contribuem direta e indiretamente para os esforços de redução da pobreza das populações locais circundantes.

Finalmente, a conetividade rodoviária é um fator de atração para a diversificação dos meios de subsistência, que ajuda a criar empregos, bem como outras opções de subsistência, como o comércio de produtos de base (Barrett *et al.,* 2001). A melhoria das estradas catalisa padrões lineares de povoamento concentrado ao longo das estradas, criando e/ou expandindo centros de crescimento rural. A longo prazo, a existência de mais centros de crescimento rural reduz as migrações rural-urbanas e, por conseguinte, reduz a incidência da pobreza urbana (Henry *et al.,* 2006). É tendo em consideração todos estes factores que Fan e Chan-Kang (2008, p.313) argumentaram que "em termos de redução da pobreza, as estradas de baixa qualidade elevam muito mais pobres rurais e urbanos acima do limiar da pobreza por cada [montante] investido do que as estradas de alta qualidade". (1997), um quadro regulamentar adequado também é importante porque a melhoria da acessibilidade também pode abrir mais concorrência de empresas externas oportunistas que podem, no final, forçar os comerciantes mais pequenos a abandonar o negócio.

A partir destas constatações, há muitas evidências na literatura que mostram que as estradas são significativas na redução da pobreza; e, portanto, merecem ser priorizadas se as populações rurais quiserem beneficiar de várias reformas de desenvolvimento económico. Contudo, como será mostrado na próxima secção, a situação da infraestrutura rodoviária não tem sido cor-de-rosa na África Sub-Sahariana. Seguindo a análise situacional mais ampla na secção 1.2, o estudo agora volta-se para uma análise situacional mais específica de estradas da ASS a fim de enquadrá-la na evidência apresentada até agora.

2.3 A SITUAÇÃO DAS INFRA-ESTRUTURAS RODOVIÁRIAS NA ÁFRICA SUBSARIANA

Contrariamente à importância especial das estradas nas regiões em desenvolvimento do mundo, como já foi demonstrado, o Banco Africano de Desenvolvimento (2010) faz uma revelação surpreendente de que a África rural tem apenas 34% de acesso rodoviário contra 90% noutras áreas do mundo. Fazendo eco desta situação, Santos *et al.*, (2010, p. 67) observam que "o estado das estradas e dos transportes públicos nos países em desenvolvimento é terrível". Martinez (2001, p. 257) argumenta que a situação remonta à era da independência (finais da década de 1950 e início da década de 1960), durante a qual a região herdou sistemas de transporte deficientes que não tinham objectivos de desenvolvimento, em vez disso, "tinham sido desenvolvidos [principalmente] para a exploração colonial e o domínio militar". Estes serviços de transporte rural ineficazes e os elevados custos de transporte têm sido apontados como um dos principais estrangulamentos que impedem o desenvolvimento social e económico na ASS (Calvo, 1998; Obare, *et al.*, 2003; Naude e Matthee, 2007). Isto deve-se ao facto de as estradas rurais, que são vitais para melhorar as redes locais, na maioria dos casos não existirem; ou estarem em condições degradadas e serem frequentemente sensíveis às condições meteorológicas. A situação é agravada pela fraca capacidade de carga dos veículos, o que faz aumentar ainda mais os custos totais de transporte (Olsson, 2009). Além disso, Crossley (1998) utiliza um estudo de caso da Tanzânia para mostrar que as poucas estradas disponíveis raramente são sujeitas a manutenção de rotina; e são, portanto, frequentemente danificadas pela chuva e pelo tráfego (ver subsecção 3.2.2). Consequentemente, estas estradas são frequentemente sazonais e, portanto, afectam negativamente a mobilidade rural, para além de aumentarem os custos operacionais dos veículos.

Por mais que alguns indivíduos gerem algum rendimento prestando serviços de recuperação manual de veículos presos nestas estradas lamacentas, as perdas económicas dos muitos afectados são maiores; e, portanto, estes serviços informais não podem ser contabilizados como fontes significativas de rendimento. Foi esta situação que levou Santos *et al., (2010,* p.67) a concluir que a extrema pobreza das redes rodoviárias nos países rurais em desenvolvimento faz com que os benefícios socioeconómicos das estradas "mais do que compensem os custos ambientais e sociais". Assim, as estradas são mais apreciadas nos países em desenvolvimento do que no mundo desenvolvido, uma vez que o transporte é uma componente muito importante da cadeia de produção nos primeiros, e ainda mais na África Subsariana.

2.4 CONCLUSÃO

A partir desta revisão da literatura, é indubitavelmente evidente que as estradas são vitais para a redução da pobreza na África Subsaariana e não só. Isto, portanto, satisfaz o primeiro objetivo específico deste estudo, tal como delineado na secção 1.4. Contudo, pode ser observado que muitas iniciativas de desenvolvimento regional continuam a negligenciar as ligações entrelaçadas entre o desenvolvimento agrícola, a diversificação dos meios de subsistência e as reformas económicas em relação à redução da pobreza como mostrado neste capítulo. As evidências apresentadas expandem ainda mais a linha de argumentação desta tese de que, ao contrário dos projectos gigantescos a nível macro, as infra-estruturas rodoviárias a nível micro, orientadas para as zonas rurais, podem ajudar tremendamente na redução da pobreza (Calvo 1998; Naude e Matthee, 2007; Fan e Chan-Kang, 2008; Santos *et al.,* 2010). Tendo apresentado as perspectivas e mostrado que muitas estradas na ASS ainda estão degradadas, o próximo capítulo responde à seguinte questão importante: o que é que pode estar errado?

CAPÍTULO 3: PRINCIPAIS DESAFIOS EM MATÉRIA DE INFRA-ESTRUTURAS RODOVIÁRIAS NA ÁFRICA SUBSARIANA

3.1 INTRODUÇÃO

A partir das conclusões da literatura no capítulo anterior, a África Subsariana é suscetível de fazer progressos positivos nos esforços de redução da pobreza se os poucos serviços de infra-estruturas suaves disponíveis forem complementados com uma infraestrutura rodoviária melhorada para ter uma população rural mais conectada e acessível. Este argumento deve ser cuidadosamente analisado de acordo com a opinião de Banister e Berechman (2000) de que, por si só, a infraestrutura rodoviária não é uma bala de prata para o desenvolvimento económico. No entanto, este estudo concorda mais com o argumento de Foster e Briceno-Garmendia de que "as infra-estruturas são um ingrediente fundamental para alcançar todos os ODM"; observando de forma especial que "as redes rodoviárias fornecem ligações aos mercados globais e locais" (2010, p.2). Esta ligação impulsiona a produção agrícola e a diversificação dos meios de subsistência, como demonstrado no capítulo anterior. No entanto, apesar desta constatação surpreendente, a região parece ter a luta contra a pobreza vagamente ligada à infraestrutura rodoviária e a baixa conetividade de 34% reflecte vários desafios na região. É, de facto, triste constatar que uma região que começou a ser independente no final da década de 1950 ainda possa estar tão mal conectada, isolada e muito pobre após mais de 60 anos. Assim, conhecer estes desafios será um passo crucial para encontrar meios de os resolver, a fim de ter uma rede rodoviária fiável que possa contribuir para a recuperação económica, conforme demonstrado na revisão da literatura. Deve-se notar que existem muitos desafios; mas de uma perspetiva de redução da pobreza, *três* foram seleccionados de acordo com o âmbito desta tese. Este capítulo, portanto, considera os "três grandes" como *corrupção; desafios de financiamento e manutenção;* e *relações ambiente-desenvolvimento.*

3.2 INFRA-ESTRUTURAS RODOVIÁRIAS NA ÁFRICA SUBSARIANA E "OS TRÊS GRANDES

3.2.1 Fraude, corrupção e conluio

Klitgaard (1994) observa que a corrupção é em grande parte responsável pela estagnação política e económica em muitos países em desenvolvimento, ao drenar recursos públicos para ganhos privados de poucos; e como Caiden *et al.*, (2001) argumenta ainda, isto gera descontentamento e desconfiança pública. Além disso, de acordo com Glynn *et al.*, (1997) citado por Everett *et al.*, (2007, p.513), o mundo está a passar por "uma erupção de corrupção". Por isso, não é um exagero classificar as várias formas e níveis de corrupção como o problema mais grave no sector rodoviário, uma vez que os outros desafios podem ainda ser rastreados até este problema de espinha dorsal. Inerentemente, as estradas na ASS são financiadas principalmente através de impostos governamentais, cobrança de várias taxas e apoio de doadores. Isto gera recursos que passam por muitos canais, trocando de mãos e, portanto, mais propensos a abusos (Calvo, 1998). Além disso, a tendência de associar a infraestrutura rodoviária com o orçamento de desenvolvimento e não com as despesas correntes diárias do governo cria muitas vezes uma impressão de que as estradas são sinónimo de grandes contratos de dinheiro. Na ausência de processos transparentes associados a uma vertente institucional (Hilson e Maconachie, 2009), a provisão de infra-estruturas rodoviárias torna-se muito propensa à corrupção em várias fases. Esta secção identifica *duas* fases e estas são: durante o *processo de concurso* e *a fase de implementação propriamente dita* e são discutidas mais detalhadamente.

Em primeiro lugar, durante o processo de concurso, as adjudicações de contratos rodoviários nem sempre são feitas através de concursos transparentes e competitivos como muitas vezes é retratado. Na maioria dos casos, os contratos são adjudicados a pessoas que são escolhidas a dedo através de ligações políticas (Oluka e Ssennoga, 2008). Estas actividades são cuidadosamente ocultadas através de outros processos complicados de conluio ou cartelização, definidos da seguinte forma:

> "*A colusão* refere-se a qualquer combinação ou acordo - independentemente do grau de informalidade - entre vendedores, para aumentar ou fixar preços ou manipular ofertas ou para

reduzir a produção, a fim de aumentar os lucros. Embora o termo *cartel* seja frequentemente utilizado quando o acordo colusivo é um acordo formal, os efeitos económicos da colusão e dos cartéis são os mesmos" (OCDE, 1990 citado por Messick 2011, p.8).

A partir desta definição, um efeito negativo evidente da colusão ou cartelização é o facto de os proponentes concordarem deliberadamente em fixar as suas propostas de modo a saberem quem ganha e serem coniventes para assegurar que os preços são deliberadamente aumentados para seu próprio benefício. Isto anula completamente a sanidade dos contratos públicos que a transparência dos concursos pretende trazer. Um bom exemplo desta prática incorrecta foi observado na Tanzânia, onde, na década de 1990, os preços dos materiais rodoviários eram fraudulentamente 15-60% superiores aos preços normais de mercado (Governo da Tanzânia, 1996). Esta tendência de conluio também foi observada no Quénia, onde a investigação revelou um conluio alargado no sector rodoviário, "uma alegação mais tarde confirmada pela Autoridade das Estradas do Quénia e pela Comissão Anti-Corrupção do Quénia" (Governo do Quénia, 2004 citado por Messick, 2011, p. 11). Além disso, Sieber (2011) argumenta que o conluio pode passar despercebido pelos processos normais de licitação e avaliação de propostas, uma vez que as outras empresas, a que Messick (2011, p.12) chama "perdedores designados", fabricam deliberadamente "propostas de cobertura" mais elevadas para serem rejeitadas com base no custo total. Trata-se de uma fraude corrupta avançada e organizada, uma vez que não há vencedor ou perdedor da licitação nos bastidores; e o que mais importa para estes empreiteiros gananciosos é a maximização do lucro à custa da qualidade da infraestrutura rodoviária.

De outro ângulo, tem havido também alguns debates consideráveis sobre a relação entre corrupção e concorrência. Tal como referido por Celentani e Ganuza (2002), a corrupção tem sido frequentemente entendida como resultante da apropriação ilegal de rendas de recursos geradas por atributos monopolísticos das empresas. Esta perceção levou muitas vezes ao pensamento lógico simplificado de que o aumento da concorrência reduzirá as receitas dos monopólios e, por conseguinte, quaisquer reformas que aumentem a competitividade económica reduzirão a corrupção (Rose-Ackerman, 1996).

Por muito que Celentani e Ganuza (2002) discordem deste ponto de vista e argumentem que a concorrência também aumenta a corrupção, esta tese concorda mais com o ponto de vista de Rose-Ackerman no sentido de que, em igualdade de circunstâncias, mais prestadores de serviços aumentam as opções e o desempenho das empresas, tendo em conta as implicações económicas trazidas por concorrentes facilmente disponíveis. Isto, evidentemente, depende do nível de transparência nos processos de concurso e de adjudicação de contratos; e é aqui que o desafio da capacidade institucional se torna evidente.

A situação agrava-se quando os políticos estão no centro das atenções. Oluka e Ssennoga (2008) dão o exemplo do Uganda, onde os políticos muitas vezes intimidam as equipas de avaliação para seleccionarem determinados empreiteiros para proveito próprio. Este cenário ugandês é representativo de muitos países da África subsariana onde os políticos possuem cartéis de construção e ignoram frequentemente os procedimentos de contratação pública estabelecidos. Ameaças de despedimento ou transferências vingativas são comuns a funcionários profissionais que não estão dispostos a comprometer os requisitos éticos das suas funções e acabam por ser rotulados de "não cooperantes". A experiência de trabalho do autor no sul do Malawi pode testemunhar como é difícil trabalhar com políticos quando se trata de adjudicar contratos para projectos de manutenção de estradas nos seus círculos eleitorais. É fascinante observar como os próprios legisladores se tornam tão relutantes em cumprir as mesmas legislações que o público em geral lhes confia.

No que diz respeito à implementação efectiva, Messick (2011, p. 18), observa corretamente que "um licitante vencedor pode faturar fraudulentamente por trabalho não realizado, materiais não fornecidos, ou ambos". Durante a construção ou manutenção de estradas, é confiada aos engenheiros consultores a responsabilidade de garantir que a qualidade das obras rodoviárias não seja comprometida e que os pagamentos sejam efectuados, o que nem sempre acontece, uma vez que os engenheiros também podem fazer parte do cartel corrupto e acabam por aprovar obras insatisfatórias, como mostra a tabela

1. Luiz (2010, p.534) destacou de forma notável a mesma lacuna de capacidade da seguinte forma:

> "Os desafios são imensos porque a realização de infra-estruturas exige muito mais do que recursos financeiros - exige a capacidade de realizar projectos maciços e complexos de uma forma eficiente".

A partir desta observação, a África continua a enfrentar obstáculos em matéria de infra-estruturas, em parte porque muitos países não têm esta capacidade profissional devido à escassez aguda de pessoal qualificado que possa lidar habilmente com os aspectos técnicos e financeiros das infra-estruturas rodoviárias (ver secção 1.2). Este facto pode ser atribuído às baixas regalias na função pública africana, que desincentivam os profissionais jovens e entusiastas (Naude, 2008). Os poucos funcionários que permanecem são assim facilmente persuadidos a entrar nestes cartéis corruptos, em parte devido às suas magras remunerações. Um relatório de auditoria de investigação no sector rodoviário da Zâmbia, apresentado no quadro 1, fornece mais provas desta forma de corrupção:

Quadro 1: Projectos mal executados e pagos na Zâmbia

Name of defect	Percentage of projects affected
Improperly sized aggregate particles	44
Too much clay	75
Aggregates did not meet crushing strength	67
Base thinner than required	81
Surface dressing layers thinner than required	82
Cement content less than specified	100
Concrete samples weaker than required	50

Fonte: Governo da Zâmbia, (2010).

Neste caso da Zâmbia, é alarmante constatar que os empreiteiros receberam os custos totais do projeto e, no entanto, entregaram um trabalho de qualidade inferior. A forma como estes pagamentos passaram sem controlo por todos os passos burocráticos de uma transação governamental típica de África é, de facto, uma fonte de enigma. Assim, a corrupção facilitada por funcionários públicos (Messick, 2011) não pode ser completamente excluída neste esquema zambiano.

Há várias implicações destas estradas mal construídas em relação aos desenvolvimentos nacionais e internacionais. Para começar, como argumentam Gwilliam *et al.* (2010), estas estradas são geralmente inseguras, uma vez que muitas delas têm apenas uma faixa de rodagem; muitas vezes não têm faixas de rodagem; têm pavimentos em deterioração; e não têm iluminação pública, esta é mínima ou deficiente. Esta situação é agravada por serviços de gestão de tráfego limitados, o que resulta em muitos acidentes rodoviários em que "dois terços das mortes" envolvem peões (p. 212). Embora a integração da segurança rodoviária esteja a tornar-se uma prioridade entre os governos africanos, a necessidade de abordar o enorme papel da corrupção na construção de estradas precárias e inseguras (como mostra a tabela 1) não tem sido bem abordada.

Além disso, as estradas de má qualidade requerem reabilitação prematura; e, conforme observado por Foster e Briceno-Garmendia (2010, p.10), "a reabilitação de infra-estruturas é várias vezes superior ao custo cumulativo de uma boa manutenção preventiva, uma vez que 1 USD gasto na manutenção de estradas poupa 4 USD na reabilitação". Este dinheiro frequentemente gasto em projectos rodoviários já concluídos poderia ser usado para outras iniciativas de redução da pobreza. Embora se reconheça a deterioração das estradas devido à falta de manutenção de rotina e preventiva como se mostra na secção seguinte, muitos danos são inicialmente causados quando os empreiteiros entregam fraudulentamente aos governos estradas mal construídas. Neste caso, os governos são drenados nas suas receitas através de reabilitação frequente, para além da redução geral das receitas resultante do fraco desempenho económico causado por redes de transportes não fiáveis.

A partir desta análise, o impacto negativo da corrupção no desenvolvimento económico não pode ser subestimado. Como argumentado por Rose-Ackerman (1978), a corrupção desperdiça recursos na ocultação de transacções e na tentativa de fazer cumprir as iniciativas anti-suborno. O Documento de Estratégia para a Redução da Pobreza (DERP) do Malawi refere que as práticas corruptas reduzem o crescimento económico, desencorajam os investimentos locais e estrangeiros e reduzem os recursos públicos para a prestação de serviços de infra-estruturas suaves às populações pobres (FMI, 2002). Além disso, a prevenção da rede de corrupção torna-se muito complicada, como Patterson e Chaudhuri (2007) argumentam, uma vez que existem muitas formas através das quais esta má prática se infiltra na conceção, concurso e gestão de contratos rodoviários. Com tais ocorrências infelizes, o esforço para ligar a ASS continuará a enfrentar desafios até que a transparência e a responsabilidade se tornem partes integrantes do sector rodoviário.

3.2.2 Condicionalismos de financiamento e manutenção das estradas

De acordo com as observações de Jaarsma e van Dijk (2002), o financiamento das estradas é outro desafio controverso e predominante. Este problema não é novo na ASS, uma vez que Martinez (2001) cita o estudo de Heggey publicado em 1995, que lamentava os grandes défices no financiamento do sector rodoviário, então fixado em 1,5-2,0 mil milhões de dólares apenas para a manutenção de rotina e periódica. Mais de uma década depois, as condições das estradas parecem não melhorar. Mais recentemente, Buys *et al.* (2006) indicam que a África Subsariana necessita de um montante inicial de 20 mil milhões de dólares para melhorar a sua rede rodoviária até atingir padrões aceitáveis e um montante anual adicional de mil milhões de dólares para a manutenção de rotina e preventiva. Trata-se de um montante enorme e restritivo para estes países pobres. Assim, intimamente relacionado com a elevada corrupção no sector rodoviário, Ado-Abedi (2007) observa que as estradas na ASS continuam a ser inadequadamente financiadas, independentemente de todos os benefícios socioeconómicos que trazem. Estes desafios de financiamento são classificados neste estudo em *duas* áreas de *disponibilidade* e *afetação* e são discutidos mais detalhadamente nos parágrafos seguintes.

Do ponto de vista da disponibilidade, a África Subsariana continua a enfrentar recursos inadequados para o financiamento de infra-estruturas, com uma despesa média de apenas 6-12% do PIB total (Luiz, 2010). Assim, como observam Foster e Briceno-Garmendia (2010), em circunstâncias normais, a região deve gastar 1,5% do seu PIB em melhorias rodoviárias, dos quais 0,6% devem ser utilizados exclusivamente para a manutenção. No entanto, isto é quase impraticável para muitos países, uma vez que necessitariam de mais de 7% do seu PIB apenas para terem infra-estruturas rodoviárias de nível aceitável. A partir dos défices de financiamento estimados por Martinez (2001) e Buys *et al.* (2006), é evidente que a região não tem o dinheiro necessário para gerir e manter a sua rede rodoviária de acordo com as normas mundiais. Além disso, embora as despesas actuais de 6-12% do PIB sejam mais elevadas do que o requisito normal de 1,5% do PIB identificado por Foster e Briceno-Garmendia (2010), as economias pequenas e frágeis de muitos Estados da região podem explicar a pequena dimensão destas proporções de despesas, quando analisadas em termos absolutos (Briceno-Garmendia *et al.*, 2008). Além disso, os fundos limitados raramente são disponibilizados a tempo para uma utilização adequada; com fontes de financiamento externas adicionais que muitas vezes impõem condicionalidades que não estão em conformidade com as necessidades de desenvolvimento e manutenção de infra-estruturas rodoviárias.

Do ponto de vista da afetação, Ado-Abedi (2007, p.12) argumenta que a manutenção de estradas é frequentemente vista como "uma atividade não prioritária" e tem, portanto, "sempre sofrido mais". Isto é ilustrado pelas lacunas de financiamento da Tanzânia na tabela 2 no verso que, em grande medida, representa a situação em muitos países da ASS.

Quadro 2: Lacunas na manutenção do subsector rodoviário na Tanzânia

Year	Requirements (Total US$ million)	Available funds(US$ million)	Maintenance gap (US$ million)
2006/07	98	98	0
2007/08	150	103	47
2008/09	153	105	48
2009/10	155	107	48
2010/11	154	109	45
2011/12	152	71	81
2012/13	159	73	86
2013/14	131	75	56
2014/15	128	77	51
2015/16	127	80	47

Fonte: Ado-Abedi, (2007, p. 10).

Em primeiro lugar, vale a pena notar que a ASS tem sido geralmente marcada por má gestão financeira e elevada interferência política nos processos orçamentais públicos (Luiz, 2010). Esta situação afecta negativamente a afetação de recursos para a manutenção de estradas. As grandes lacunas de financiamento na capacidade significam a falta de compromisso dos governos em alocar fundos para a manutenção periódica. Assim, porque a manutenção de estradas tem pouca visibilidade e, portanto, menos retornos políticos imediatos, é frequentemente adiada a favor de novos projectos mais motivados politicamente (Ado-Abedi, 2007) que fariam com que os políticos parecessem "orientados para o desenvolvimento" para o eleitorado. Assim, de acordo com as observações de Briceno-Garmendia *et al.,* (2008), as despesas rodoviárias na África Subsariana continuam a ser dominadas por novas construções, sendo a manutenção de rotina e preventiva tratada como uma atividade secundária. Isto explica o aumento das necessidades de manutenção na tabela, enquanto os fundos disponíveis permanecem limitados. Os fundos projectados na tabela também incluem promessas de financiamento externo para a manutenção de estradas que deveriam começar de 2008 a 2012. Contudo, resta saber se estas promessas dos doadores foram de facto honradas; e se assim for, se foram isentas do abuso político e desvios discutidos nesta secção.

Em conclusão, deve notar-se que negligenciar a manutenção de estradas requer reabilitação, que é frequentemente mais elevada, pois "1 USD gasto na manutenção de estradas poupa 4 USD na reabilitação" (Foster e Briceno-Garmendia 2010, p.10). Isto provoca uma rápida deterioração das estradas disponíveis a um ponto em que se torna economicamente inviável mantê-las (Ado-Abedi, 2007). As implicações socioeconómicas das más estradas já foram amplamente discutidas; por conseguinte, as questões de financiamento qualificam-se corretamente como o segundo grande desafio que impede o desenvolvimento da infraestrutura rodoviária na ASS, de acordo com este estudo.

3.2.3 Desejabilidade da estrada versus gestão ambiental

Ligada tanto à corrupção como aos desafios de financiamento, a dependência excessiva das estradas traz conflitos com outros aspectos igualmente importantes da redução da pobreza, e este é um outro desafio. Isto será discutido a partir de *dois* ângulos referidos neste estudo como *aspectos ambientais* e *implicações físicas* que as estradas têm sobre as populações circundantes.

Do ponto de vista ambiental, Shilling *et al.*, (2007) observam que, se forem cuidadosamente projectadas, muitas estradas podem ter impactos positivos no ambiente, o que também é crucial para o desenvolvimento sustentável. Contudo, conforme explicado na subsecção 3.2.1, muitas estradas na ASS são mal concebidas e, por conseguinte, representam muitas ameaças à sustentabilidade ambiental. Argumentando a partir de um aspeto económico, Santos *et al.*, (2010) observam que as estradas nos países em desenvolvimento são mais benéficas e, portanto, desejadas, mesmo à custa das suas implicações sociais e ambientais negativas. Além disso, Shilling *et al.* (2007) observam que as estradas podem levar à erosão, à desflorestação e à perda de biodiversidade. Benitez-Lopez *et al.*, (2010, p. 1307), apoiam de forma convincente esta ideia, apontando os impactos negativos das infra-estruturas rodoviárias nos ecossistemas da seguinte forma

> "A construção de estradas leva à destruição de habitats e cria espaços abertos em florestas que de outra forma seriam fechadas (Gullison e Hardner, 1993; Reed et al., 1996; Santos e Tabarelli, 2002). Os espaços abertos podem fragmentar populações (efeito de barreira), atrair espécies exigentes em luz e podem ser evitados por outras (efeito de borda)"

Tanto a barreira como os efeitos de borda encorajam a deterioração da composição e estrutura das espécies; e, portanto, têm graves impactos ambientais e sociais. O desafio aqui vem da noção de que onde as estradas são mais desejadas do que as suas implicações ambientais e sociais (como mostrado por Santos *et al.*, 2010); as avaliações de impacto ambiental e social (AIAS) são muitas vezes adiadas, ou então feitas sem qualquer seriedade. Além disso, a maioria dos projectos só faz avaliações de impacto ambiental (AIA) e não AIAS, o que não tem em conta as implicações sociais das infra-estruturas rodoviárias (Momtaz, 2005, p.1). A abordagem da AIA coloca muita ênfase nos serviços de ecossistema que as estradas ameaçam, com pouca referência à redução da pobreza; em contraste direto com a abordagem avançada pelo estudo. Como também observado por O'Faircheallaigh (2010), a questão da participação pública nos EIAs ainda é controversa, o que significa que a maioria dos EIAs é realizada sem consultar adequadamente as comunidades que provavelmente serão mais afectadas. Deve ser devidamente reconhecido que tanto a AIA como a AIAS são temas vastos com vários debates que não podem ser suficientemente abordados nesta dissertação. No entanto, o que interessa aqui é que a conveniência do desenvolvimento não deve comprometer outros aspectos importantes, como as questões ambientais e sociais, para que haja um desenvolvimento inclusivo e não haja compromissos negativos em termos de biodiversidade.

Relacionando o impacto ambiental e social das estradas com a redução da pobreza, Shilling *et al.* (2007) referem que, embora muitas vezes ignorados, os custos ambientais da provisão de infra-estruturas rodoviárias atingem 4-8% do PIB e, infelizmente, estes custos são suportados pelos pobres. Isto porque o ambiente danificado tende a ter um impacto negativo em muitas comunidades rurais cuja subsistência depende mais dos recursos naturais (Assan e Kumar, 2009). Antes de aprofundar estas implicações ambientais e sociais na redução da pobreza, convém reconhecer que a relação entre pobreza e degradação ambiental gerou uma série de debates na literatura (Duraiappah, 1998; Agudelo *et al.*, 2003). Embora vários pontos de vista tenham sido estudados individualmente, as suas interacções não foram analisadas de forma sistemática e abrangente (Agudelo *et al.*, 2003). Esta parte identifica *três* pontos de vista da relação entre pobreza e degradação ambiental.

Para começar, um ponto de vista identifica a expansão populacional e a pobreza como razões críticas que forçam a população rural a deslocar-se para áreas marginais, o que aumenta tanto a pobreza como a degradação ambiental (Agudelo *et al.*, 2003). Por outro lado, Scherr (2000) argumenta que, contra as expectativas populares, as populações rurais pobres são capazes de se adaptar ou mitigar os efeitos da degradação ambiental através da diversificação dos meios de subsistência. Uma outra linha de pensamento neste domínio complexo não só contradiz a existência de um nexo entre pobreza e ambiente, como também refuta o pressuposto de que a degradação ambiental é principalmente causada pela pobreza. Reardon e Vosti (1995) apoiam este ponto de vista, afirmando que nem toda a degradação ambiental pode ser atribuída à pobreza. Além disso, argumentam que não podem ser feitas generalizações, uma vez que as ligações pobreza-ambiente são afectadas pelo nível, tipo e distribuição da pobreza entre os agregados familiares; condicionadas pela natureza, magnitude e gravidade do problema ambiental; e determinadas pelos níveis de rendimento, padrões de investimento e comportamento de utilização da terra das comunidades rurais.

Contudo, um olhar crítico sobre estes três pontos de vista revela o seu acordo comum de que as actividades humanas constituem o problema central na controvérsia pobreza-degradação ambiental; e isto pode ser extrapolado para incluir os debates sobre ambiente-desenvolvimento (Homewood, 2005, p.198). Bulte e van Soest (2000) colocam a questão de forma mais direta, argumentando que os padrões de produção e consumo humanos são as principais causas da degradação ambiental no mundo em desenvolvimento. Neste paradigma, a infraestrutura rodoviária serve tanto a produção humana como as necessidades de consumo através dos canais de desenvolvimento humano, acesso ao mercado e actividades laborais, conforme discutido na secção 2.2. Portanto, quando a construção de estradas esgota os recursos naturais e limita as opções de subsistência das pessoas, então a importância holística da estrada torna-se seriamente comprometida. Portanto, a destruição do capital natural frequentemente causada por novas estradas apresenta outro desafio meritório para a redução da pobreza.

Passando às *implicações físicas,* deve ser salientado que as novas estradas muitas vezes deslocam fisicamente as populações rurais das suas áreas. Muitos projectos de estradas causaram programas de reassentamento involuntário que, na maioria dos casos, foram mal planeados e executados apressadamente. De acordo com o modelo de risco e reconstrução do reassentamento involuntário (Cernea, 1997), a reconstrução adequada dos meios de subsistência é um pré-requisito para contrariar o empobrecimento adicional que é um risco central em qualquer programa de reassentamento. Em consonância com isto, Ado-Abedi (2007, p.2) reconhece que as redes rodoviárias têm um grande potencial para tirar a ASS da pobreza mas, se não forem bem executadas, as mesmas estradas podem tornar-se "estrangulamentos ao desenvolvimento socioeconómico". Assim, uma tentativa deliberada de equilibrar a conveniência, a degradação ambiental e a reinstalação involuntária garantirá que as estradas não criem mais problemas a algumas minorias cujas terras são ocupadas e muitas vezes inadequadamente compensadas. Assim, a fim de servir corretamente o aspeto da redução da pobreza, este estudo concorda com a observação do Banco Mundial em 2004 de que a reinstalação deve ser a última coisa a fazer depois de tentar todas as outras opções possíveis para salvar as pessoas do trauma para toda a vida e da perturbação dos meios de subsistência que provoca.

3.3 CONCLUSÃO

Até este ponto, tem-se argumentado que o desenvolvimento e a manutenção de infra-estruturas rodoviárias adequadas são vitais para o desenvolvimento socioeconómico e a redução da pobreza na África Subsariana (Luiz, 2010). Observando que a região ainda está a ficar para trás neste aspeto, este capítulo identificou três desafios que contribuem para este facto. A corrupção desenfreada, tanto na adjudicação como na execução dos contratos, constitui o principal obstáculo. A disponibilidade e a afetação de fundos também foram amplamente debatidas. O capítulo revelou ainda o dilema entre a nova construção e a manutenção do atraso existente, aumentando assim a quantidade de estradas em vez da qualidade. Além disso, foi argumentado que, embora seja importante alcançar os pobres rurais como este estudo argumenta, todo o processo deve ser cuidadosamente implementado para não destruir os recursos naturais que fornecem uma gama de opções de subsistência para os mesmos pobres rurais. Finalmente, foi demonstrado que quando o desenvolvimento de estradas força os pobres a saírem das suas terras, então as perspectivas de redução da pobreza das estradas são susceptíveis de serem comprometidas. Com este pano de fundo, Ajakaiye e Ncube (2010) sublinham a importância de reformas políticas e de agências reguladoras independentes para uma melhor utilização das estradas na África Subsariana. Como isto está a acontecer atualmente será discutido no capítulo seguinte onde as implicações políticas do que foi apresentado até agora serão discutidas e analisadas em detalhe.

CAPÍTULO 4: IMPLICAÇÕES PARA A POLÍTICA DE DESENVOLVIMENTO, ANÁLISE E DISCUSSÃO DOS RESULTADOS

4.1 INTRODUÇÃO

Tendo explorado as perspectivas da infraestrutura rodoviária como uma ferramenta para o desenvolvimento socioeconómico, bem como os estrangulamentos que dificultam este potencial na África Subsariana, este capítulo traz todas as discussões até agora para a arena política. Assim, concorda com Ajakaiye e Ncube (2010), que argumentam que, para além de uma boa conetividade rodoviária, um ambiente propício ao comércio, políticas de investimento sólidas e estabilidade política são igualmente essenciais para o desenvolvimento económico e a utilização adequada das estradas. A este respeito, Luiz (2010, p.535) concluiu que a melhoria das infra-estruturas (incluindo as estradas) é "necessária, mas não uma condição prévia suficiente" para o desenvolvimento de África, sublinhando a necessidade de complementaridade entre as infra-estruturas e as políticas de desenvolvimento. Este capítulo, portanto, avalia as políticas de desenvolvimento e algumas reformas específicas do sector rodoviário em cumprimento direto do terceiro e último objetivo específico desta tese (secção 1.4). Tendo em conta a limitação de palavras deste estudo, apenas as políticas principais serão analisadas em oposição à abordagem de exame de políticas país por país. Em termos de estrutura, a discussão é classificada em *grandes políticas de desenvolvimento em curso* e *reformas institucionais rodoviárias* atualmente em curso.

4.2 ESTRADAS EM RELAÇÃO ÀS PRINCIPAIS POLÍTICAS DE DESENVOLVIMENTO NA ÁFRICA SUBSARIANA

Tal como se mostra no primeiro capítulo, as políticas globais que lideram o desenvolvimento internacional são os Objectivos de Desenvolvimento do Milénio (ODM) e os Documentos de Estratégia de Redução da Pobreza (DERP) específicos de cada país. Swallow (2005) observa, com razão, que a redução da pobreza tem estado no topo da agenda do desenvolvimento internacional desde a década de 1990; com o ambicioso objetivo de reduzir para metade o número de pessoas que vivem em situação de pobreza monetária até 2015 a emergir como o primeiro dos oito ODM (ver capítulo 2).primeiro dos oito ODM (ver quadro 3). A este respeito, a prossecução de tais políticas levou à formulação e adoção da Iniciativa para os Países Pobres Altamente Endividados (PPME) em 1999, quando foi acordado que os empréstimos para o desenvolvimento, a ajuda bilateral e multilateral, bem como o alívio da dívida ao abrigo da Iniciativa, se baseariam em DERP específicos de cada país (Willis, 2011). Consequentemente, os DERP tornaram-se um pré-requisito para o financiamento de muitos doadores multilaterais e bilaterais, pelo que se justifica basear a análise política desta tese nestes importantes documentos.

Quadro 3: Objectivos de Desenvolvimento do Milénio (de Willis, 2011, p. 1-2).

MDG	Summary of goal statement
1.	Eradicate extreme hunger and poverty
2.	Achieve universal primary education
3.	Promote gender equality and empower women
4.	Reduce child mortality
5.	Improve maternal health
6.	Combat HIV/AIDS, malaria and other diseases
7.	Ensure environmental sustainability
8.	Develop a global partnership for development

Seguindo a importância sem paralelo do desenvolvimento do sector de estradas como mostrado nos capítulos dois e três, é logicamente esperado ter estradas bem articuladas dentro das prioridades do país através dos DERPs. Contudo, antes de se fazer uma análise do mesmo, é justo reconhecer que todas as políticas actuais se baseiam na famosa política de desenvolvimento dos anos 70-80 referida como Programas de Ajustamento Estrutural

(PAE). Por conseguinte, é necessário ter uma visão rápida dos PAE para uma melhor análise das políticas actuais.

4.2.1 Efeitos dos programas de ajustamento estrutural

Willis (2011) destaca os empréstimos de ajustamento estrutural como uma imposição bem conhecida da teoria do desenvolvimento neoliberal avançada pelo Norte sobre as nações pobres do Sul. (1997), quase invariavelmente, a ajuda aos países em desenvolvimento no contexto do PAE era caracterizada pela condicionalidade ou por um conjunto de requisitos prescritos. Contra o argumento de que a condicionalidade da ajuda é ineficaz porque os doadores não aplicam frequentemente as condições (Kilby, 2009), há muitas provas na literatura que explicam como os empréstimos de ajustamento estrutural afectaram negativamente as economias dos países em desenvolvimento (Nelson, 1996; Collier *et al,* 1997; Bhaumik, 2005; Shandra *et al.,* 2010). Embora possa ser incorreto fazer afirmações absolutas sobre os efeitos dos PAE, devido às diferentes experiências dos países e aos custos de oportunidade desconhecidos dos próprios PAE (Stewart, 1995; Willis, 2011), é geralmente aceite entre os académicos e os responsáveis pelo planeamento do desenvolvimento que os PAE foram mais um fracasso do que um sucesso. Entre as muitas receitas dos empréstimos de ajustamento estrutural, esta secção discute *os cortes na despesa pública* e a *desregulamentação* e centra-se especificamente na forma como estas duas questões afectaram o desenvolvimento das infra-estruturas rodoviárias em relação à redução da pobreza.

4.2.1.1 Redução das despesas públicas

Numa região onde se verificou que 70% da população se encontra em situação de pobreza rural (Karekezi, 2002), o apelo lançado pelo FMI e pelo Banco Mundial, no âmbito dos PAE, no sentido de reduzir a despesa pública com serviços de infra-estruturas sociais "improdutivos" foi, de facto, questionável (Bond, 1996). As privatizações, a desvalorização das moedas e as reduções de despesas resultantes, tanto nas infra-estruturas essenciais como nas não essenciais, fizeram mais mal do que bem aos países pobres. Se estes sectores vitais foram rotulados de improdutivos, onde poderia estar a manutenção das estradas rurais? Assim, estes cortes nas despesas públicas reduziram a disponibilidade de fundos para a manutenção das estradas e tornaram a afetação ainda mais complicada. Além disso, a situação piorou ainda mais com as reduções de pessoal prescritas que levaram a uma grave escassez de pessoal no sector rodoviário (Naude, 2008).

Esta redução da despesa trouxe problemas económicos à maioria dos países da África Subsariana, dos quais muitos ainda não recuperaram. O DERP do Malawi refere que a era do PAE, a partir de 1981, "teve um impacto mínimo na redução da pobreza", porque o escasso crescimento económico que se verificou estagnou o consumo das famílias (FMI, 2002, p. 13). Ao escrever sobre a experiência da Nigéria, Bond (1996, p. 88) cita Imam que, no auge do PAE em 1994, escreveu que "o PAE está realmente a minar-nos". Estas opiniões foram mais tarde partilhadas pela Comissão Económica das Nações Unidas para África, que admitiu que os PAE eram, de facto, uma receita perfeita para o rápido colapso do sistema económico. Além disso, Kessler e Van Dorp (1998) observam que a pobreza extrema agravada pelos PAE incentivou estratégias de sobrevivência insustentáveis, incluindo a sobreutilização do capital natural. A longo prazo, as práticas ambientais insustentáveis expuseram muitas estradas a uma cobertura de solo de aterro deficiente e tornaram-nas menos resistentes à erosão. Portanto, para além dos outros problemas de qualidade das estradas discutidos no capítulo três, os cortes na despesa pública também contribuíram para a redução da durabilidade das estradas.

4.2.1.2 O pesadelo da desregulamentação

Tal como referido por Kilby (2005, p.325), uma das razões para os PAE foi "encorajar os governos dos países em desenvolvimento a reorientar as suas economias, passando de altamente regulamentadas e controladas a nível central para desregulamentadas e baseadas no mercado". Contrariamente a esta abordagem política, Parker *et al.* (2008) observam que a qualidade da regulamentação é um ingrediente importante para a redução da pobreza, uma vez que promove a boa governação, que, por sua vez, incentiva os investimentos económicos e o empreendedorismo.

Neste contexto, a desregulamentação proporcionou um ambiente favorável à livre atividade das empresas multinacionais na África Subsariana e este afluxo de empresas teve várias implicações. Para começar, o afluxo de empresas num ambiente não regulamentado incentivou os problemas de corrupção e conluio, tal como referido na subsecção 3.2.1. Além disso, a desregulamentação significou um quadro regulamentar enfraquecido para monitorizar a qualidade das obras de construção, resultando num influxo de infra-estruturas rodoviárias de qualidade inferior. Por conseguinte, não é surpreendente que Parker *et al.* (2008, p.21) tenham concluído que "uma regulação eficaz e eficiente dos serviços de infra-estruturas tem o potencial de reduzir a pobreza absoluta e relativa nos países em desenvolvimento". Neste caso, ao promover a desregulamentação, levará, de facto, muito tempo a compreender a pobreza de quem é que os PAE foram concebidos para reduzir.

Sai a era do PAE; entram os DERP e, no entanto, a mesma velha história continua. Como argumentado de forma convincente por Klees (2002, p. 464):

> "Existe um fosso entre a retórica da parceria, da participação e da capacitação e a visão contabilística do Banco Mundial [e do FMI], que provém de um quadro neoliberal ideologicamente escolhido que, quando muito, é apaixonado por políticas que alimentam o movimento do capital estrangeiro e a acumulação de riqueza para os ricos".

Isto é ainda ecoado por Annisette (2004, p.312), que observa que o fracasso de muitas iniciativas financiadas pelo Banco Mundial nos países em desenvolvimento pode ser atribuído ao facto de que o seu objetivo original era fazer avançar o capitalismo e não a redução da pobreza. Assim, por mais que o Banco Mundial tenha sido um "líder" no financiamento do sector rodoviário, como explicado na secção 2.2, a distribuição de tais investimentos tem sido problemática, como demonstrado pelo financiamento inadequado de infra-estruturas rodoviárias a favor dos pobres pelo Banco. O Banco continua a investir fora da viabilidade económica, tal como aconteceu durante os PAE. Como tal, pode não ser um exagero argumentar que os DERP são apenas versões reencarnadas dos mesmos PAE, como evidenciado pelos interesses conflituosos e pelos mecanismos insatisfatórios de planeamento orçamental e de controlo das despesas nos documentos (Craig e Porter, 2003). Para confirmar essa situação infeliz, o estudo examina os DERP de países seleccionados em duas áreas: 1) se o desenvolvimento da infraestrutura rodoviária está bem articulado e 2) se esses documentos políticos contêm desafios e estratégias viáveis para os combater.

4.2.2 DERP e desenvolvimento de infra-estruturas rodoviárias: o caso do MGDS

As conclusões sobre as políticas específicas de cada país relativas à importância das estradas no desenvolvimento económico são díspares. Por exemplo, não há quase nada sobre o desenvolvimento da infraestrutura rodoviária como uma ferramenta de redução da pobreza no DERP de 2002 do Malawi (FMI, 2002). Contudo, a versão mais recente do mesmo, conhecida como a Estratégia de Crescimento e Desenvolvimento do Malawi (MDGS) adoptada em 2006, tem uma melhor priorização; classificando os transportes como quarto entre nove áreas prioritárias (ver tabela 4).

Quadro 4: Domínios prioritários do MGDS

Priority area	Description
1.	Agriculture and Food Security
2.	Green-Belt Irrigation and Water Development
3.	Education, Science and Technology
4.	Transport Infrastructure and Nsanje World Inland Port
5.	Climate Change, Natural Resources and Environmental Management
6.	Integrated Rural Development
7.	Public Health, Sanitation and HIV and AIDS Management
8.	Youth Development and Empowerment
9.	Energy, Mining and Industrial Development

Informação tabelada extraída de Malawi Government, (2009, pp. 1-10).

Esta explicação obscura difere da do Burkina Faso, que reconhece a importância das estradas na integração das zonas rurais para a redução da pobreza. A mesma história encorajadora é encontrada no DERP do Burundi, que diz que "a forma como o transporte é organizado e as condições das estradas, especialmente as estradas rurais, são dois elementos-chave para aliviar o isolamento das áreas remotas e reduzir a pobreza" (FMI, 2007, p. 60). Lendo o MGDS, pode-se deduzir que as nove áreas prioritárias são apresentadas como distintas, cada uma com a sua própria estratégia de implementação. Este documento contém objectivos atractivos e floreados, cuja análise crítica expõe uma compreensão bastante inconsistente da natureza multidimensional da pobreza e, por conseguinte, carece de empenho num desenvolvimento holístico a longo prazo. O caso do Malawi ilustra ainda a falta de compreensão documentada de que o desenvolvimento da infraestrutura rodoviária pode desempenhar um papel vital na realização dos outros objectivos de desenvolvimento, como se explica na secção 3.1. A classificação notável da importância das estradas feita por Gachassin *et al.,* (2010) na secção 2.2 parece ter escapado àqueles que formularam a Estratégia de Desenvolvimento do Malaui, como evidenciado pelo tratamento frouxo da interligação observável entre as estradas e as outras prioridades de desenvolvimento.

Assim, para além da tendência geral para a agricultura em muitos DERP (prioridades 1 e 2 na DGAE, quadro 4), até certo ponto, as orientações políticas de muitos países da região mencionam pelo menos o desenvolvimento rodoviário de uma forma ou de outra. Um revés significativo é a evidente baixa prioridade atribuída à rede rodoviária rural, o que constitui um retrocesso no esforço de redução da pobreza entre a maioria das populações rurais pobres da África Subsariana.

4.2.2 Os DERP e os principais desafios em matéria de infra-estruturas rodoviárias: os casos do Quénia e dos Camarões

Os principais desafios do desenvolvimento de infra-estruturas rodoviárias identificados neste estudo não são mencionados de forma convincente nos DERP. Por mais que a corrupção seja destacada em termos gerais, muitas vezes falta uma menção especial de como ela impede o desenvolvimento da infraestrutura rodoviária, como mostrado nesta tese. Esta falha em captar um desafio tão monumental significa uma total má orientação política, uma vez que as estratégias para combater a má prática não podem ser efetivamente operacionais sem um quadro jurídico abrangente.

Simultaneamente, apesar de alguma menção à importância das estradas, pouco é feito no terreno em termos de acordos de financiamento para melhorar a rede. Por exemplo, no relatório do DERP de 2011 do Quénia, o financiamento das estradas como proporção da despesa total varia entre

11,1% e 12,3% nos exercícios financeiros de 2010/11-2014/15 (FMI, 2012, p. 28). E, no entanto, o DERP queniano diz que os objectivos do governo são "expandir a rede rodoviária, reduzir o atraso na reabilitação e manutenção, reforçar a segurança rodoviária e controlar a sobrecarga, e expandir a gestão e o financiamento do sector privado" (FMI, 2005, p.40). É, no entanto, surpreendente saber como é que estes objectivos serão alcançados sem se reflectirem nas despesas nacionais. O cenário queniano não é isolado, pois Messick (2011) argumenta corretamente que, com exceção do Botswana e da África do Sul, os restantes países da ASS não financiam adequadamente os seus sectores rodoviários. Esta situação, apesar da retórica nos documentos políticos, está a contribuir para os fracos padrões rodoviários na África Subsariana.

Além disso, contra a necessidade de dar prioridade à manutenção preventiva das estradas em vez da reabilitação, é surpreendente ver o DERP dos Camarões declarar que "a reabilitação e o desenvolvimento das infra-estruturas rodoviárias e rurais são prioridades na estratégia de redução da pobreza do governo" (FMI, 2003, p.60). Tecnicamente, isto é drenagem de recursos, como já foi argumentado.

Considerando que os Camarões estão relativamente melhor colocados em termos de receitas locais, é triste que o país esteja entre os que têm as redes rodoviárias e os níveis de pobreza mais degradados da África subsariana. Sem dar muita ênfase aos efeitos vorazes da economia petrolífera (Watts, 2005), pode-se argumentar que a falta de um compromisso político sério na formulação e implementação de políticas é em grande parte responsável pela má rede rodoviária neste país rico em petróleo. Este cenário fornece mais provas do fosso existente entre a política e a implementação efectiva; e explica ainda mais o fraco desenvolvimento da infraestrutura rodoviária da região.

A partir disto, pode-se argumentar que, tal como no caso dos PAE, o objetivo principal dos DERP é assegurar facilidades de ajuda bilateral e multilateral (Willis, 2011), daí a falta de ligações entre as suas disposições (dos DERP) e as estratégias de acompanhamento da implementação. Além disso, os DERP têm um fator inerente de dependência dos doadores que desencoraja o compromisso dos governos implementadores de financiarem as suas próprias estradas. Além disso, tendo em conta que a ajuda dos doadores não é fiável mesmo quando as condicionalidades como os DERP são cumpridas (Craig e Porter, 2003), esta abordagem parece não ser do melhor interesse da ASS.

Pode, por conseguinte, concluir-se que existem desajustes políticos em torno das infra-estruturas rodoviárias, tal como evidenciado pelos poucos progressos registados no terreno, apesar das disposições políticas. Isto requer ainda políticas de investimento rodoviário de propriedade dos governos e centradas nas pessoas e a sua implementação. Como tal, a partir desta análise política mais ampla, a secção seguinte centra-se nas reformas específicas das estradas na ASS.

4.3 REFORMAS POLÍTICAS INSTITUCIONAIS NO SECTOR RODOVIÁRIO

Conforme proposto por Ajakaiye e Ncube (2010), houve algumas reformas políticas que visaram especificamente as instituições administrativas do sector rodoviário para lhes permitir regular o sector de forma eficaz. Contudo, como observam Vagliasindi e Nellis (2009), estas reformas institucionais estão apenas 50% concluídas. Escrevendo sobre as mesmas reformas, Foster e Briceno-Garmendia (2010) observam ainda que "em geral, o maior progresso tem sido nas telecomunicações, enquanto os transportes estão mais atrasados" (p. 12).

A história de sucesso mais proeminente foi a criação de agências reguladoras separadas (como proposto por Ajakaiye e Ncube, 2010) ao separar as obras rodoviárias dos seus ministérios sectoriais. Isto criou Autoridades/Agências de Estradas responsáveis pela gestão dos aspectos técnicos do sector rodoviário e Fundos de Estradas para tratar especificamente de questões financeiras (Kulemeka, 2010). Este é um desenvolvimento bem-vindo pois pode potencialmente resolver o desafio de financiamento inadequado; e também oferece melhores oportunidades para maximizar a coleta de receitas. Além disso, um esforço para integrar as estradas rurais através das autoridades locais também está a ser feito em muitos países na área de estudo (Ado-Abedi, 2007).

No entanto, as reformas parecem ser tomadas isoladamente, uma vez que continuam a existir questões complementares como a resolução dos problemas de pessoal. Teria sido melhor se as Autoridades/Agências de Estradas e os Fundos de Estradas recém-formados estivessem equipados com equipamento apropriado e pessoal bem treinado para lhes permitir desempenhar as suas funções eficientemente. Neste caso, uma abordagem setorial (SWAP) no sector de estradas aumentará a complementaridade e a sinergia entre as reformas institucionais e o que está a acontecer noutros lugares entre os vários intervenientes no sector. Até aqui, a próxima secção apresenta um resumo detalhado de outras lacunas e desafios identificados a partir da análise de políticas neste capítulo.

4.4 PRINCIPAIS DESAFIOS E LACUNAS POLÍTICAS

Para além dos desfasamentos políticos identificados e discutidos até à data, o presente estudo identifica ainda as seguintes lacunas políticas:

4.4.1 Retórica versus realidade

O potencial das estradas como instrumentos de redução da pobreza é de alguma forma reconhecido nos documentos políticos, embora pouco esteja a ser feito para o traduzir no terreno. Uma discrepância nos DERP, por exemplo no Quénia, onde um país se compromete a expandir e manter a sua rede de estradas, mas não são atribuídos fundos para o mesmo, mostra que os documentos são simplesmente cerimoniais, com pouco impacto no lado da implementação. Assim, as declarações não qualificadas de que as estradas são benéficas não são suficientes, uma vez que a necessidade de estratégias de implementação práticas é há muito esperada.

Outro exemplo é a persistência de limitações de capacidade no meio da retórica das reformas. Não está a ser feito muito para colmatar o défice de capacidade através de formações e melhores condições de trabalho para o pessoal. Assim, os serviços regulamentares, como a AIAS, são frequentemente externalizados, tornando mais dispendiosa a execução dos projectos e anulando assim a vontade de utilizar eficazmente os poucos fundos disponíveis.

4.4.2 Falta de coordenação das várias políticas sectoriais

A partir das conclusões deste estudo, é evidente que a redução da pobreza está a ser abordada com pouca coesão política. Os DERP apresentam várias estratégias de vários sectores que carecem de coordenação e realidade. Por exemplo, a necessidade de travar a corrupção e o conluio está vagamente ligada ao sector rodoviário, o que é preocupante. Quase todos os países têm agências anti-corrupção que são frequentemente controladas por políticos no poder para perseguir opositores políticos, em vez de verificarem de forma independente a má gestão de receitas públicas graves, como a corrupção no sector rodoviário.

4.4.3 Os governos africanos não são proactivos

Quase todas as reformas políticas e institucionais atualmente em curso foram iniciadas e financiadas por doadores. Trata-se de uma situação preocupante, uma vez que os governos da África Subsariana não estão a fazer o suficiente para transformar os seus próprios países. O problema deste tipo de reformas é a sua inerente falta de sustentabilidade para além do período de apoio dos doadores, o que não é adequado para a região.

Além disso, um olhar crítico sobre as reformas instituídas pelo FMI e pelo Banco Mundial mostrará que estas duas instituições têm como principal objetivo a maximização dos lucros, uma vez que beneficiam muito com os problemas de infra-estruturas nos países em desenvolvimento (Annisette,

2004). Se os projectos que financiam funcionam ou não, pouco lhes interessa, pois o que importa é a recuperação dos seus empréstimos. Por conseguinte, é da responsabilidade dos respectivos governos trabalhar no sentido da auto-eficiência e não estar sempre à espera de apoio externo. A forma como isto pode ser feito é uma das recomendações do próximo capítulo.

4.5 CONCLUSÃO

Em relação ao terceiro e último objetivo específico deste estudo, conforme delineado no capítulo um, este capítulo mostrou um consenso político geral dentro dos DERP sobre o papel das estradas na abordagem da pobreza, independentemente das variações no grau de tais acordos. Contudo, quando se trata da implementação, há disparidades evidentes dentro da região que requerem reformas de políticas. A importância de tal realinhamento de políticas é amplamente demonstrada por Fan e Chan-Kang (2008) na sua pesquisa sobre o recente sucesso económico da China e a redução da pobreza, como citado em vários lugares nos capítulos dois e três. A África Subsariana pode aprender com esta história de sucesso chinesa, especialmente na questão do aumento do financiamento público no desenvolvimento de infra-estruturas rodoviárias.

As políticas na África Subsariana continuam a ser enquadradas por um pensamento míope de que os desafios de financiamento são demasiado grandes para serem melhorados e que nada pode ser feito a esse respeito; em vez de sublinharem a necessidade de travar a corrupção para melhorar a disponibilidade e a afetação dos limitados fundos disponíveis. Além disso, as tão necessárias reformas políticas estão a ser defendidas por doadores externos, o que constitui um revés no que diz respeito à sua sustentabilidade. Assim, de acordo com o argumento principal deste estudo, este capítulo confirma que a melhoria das estradas tem o potencial de transformar as fortunas da ASS; se apenas houver melhores modificações das políticas para melhorar a implementação prática. Após as constatações conclusivas de discrepâncias evidentes de política e implementação, é essencial reunir todos os argumentos apresentados até este ponto em recomendações para um melhor acesso às estradas em relação à redução da pobreza. Isto é feito no capítulo seguinte, que também encerra todo o estudo.

CAPÍTULO 5: RECOMENDAÇÕES, DOMÍNIOS DE INVESTIGAÇÃO FUTURA E CONCLUSÕES

5.1 RECOMENDAÇÕES

Na sequência deste estudo e em conformidade com os seus objectivos, são sugeridas as seguintes recomendações para acções futuras por parte dos decisores políticos, governos, parceiros de desenvolvimento e várias partes interessadas:

5.1.1 Aumentar a visibilidade do sector rodoviário nos documentos políticos

O estudo analisou uma quantidade substancial de trabalhos escritos que revelaram as perspectivas do desenvolvimento de infra-estruturas rodoviárias na redução da pobreza, como mostrado nos capítulos dois e três. Isto deve, portanto, ser traduzido em prioridades nacionais nos documentos de políticas. A representação obscura de estradas em documentos de políticas mina as constatações claras do estudo que provaram sem dúvida razoável que, juntamente com políticas apropriadas, as estradas podem desempenhar um papel vital em tirar a maioria dos pobres rurais da pobreza. As estradas, portanto, merecem uma cobertura política melhor do que a que existe nos documentos actuais.

5.1.2 Operacionalizar estratégias anti-corrupção no sector rodoviário

Devem existir campanhas e estratégias operacionais de combate à corrupção para travar os problemas de conluio, fraude e corrupção, tal como identificado por Messick (2011). A redução da corrupção não só melhorará a disponibilidade de fundos, como também garantirá a melhoria da vida útil das infra-estruturas, poupando assim os custos de manutenção. As Comissões Anti-Corrupção devem ser independentes de qualquer interferência política, em vez de serem utilizadas para torturar os opositores políticos e deixar a corrupção organizada passar incólume.

5.1.3 Melhorar a apropriação dos programas de desenvolvimento

Já passaram mais de sessenta anos desde que os países da África Subsariana começaram a tornar-se independentes. Por conseguinte, é lamentável que a região continue a depender dos doadores para iniciar reformas com vista a um melhor desenvolvimento das infra-estruturas. É mais do que tempo de a região possuir programas de desenvolvimento para uma melhor sustentabilidade e utilização. Confiar no apoio dos doadores favorece muitas vezes as estradas que são lucrativas após análises de custo-benefício; e isto anula a abordagem de bem-estar apoiada nesta tese como crucial para chegar às populações rurais pobres.

5.1.4 Melhorar o financiamento e o investimento em activos no sector rodoviário

Alcançar a auto-eficiência requer reformas vibrantes nas agências de tributação e maior transparência na coleta e uso de fontes de financiamento de estradas para o melhoramento do sector. Mesmo em casos de recursos inadequados, uma melhor afetação pode ainda assim fazer a diferença. Tudo se resume a estabelecer prioridades onde o maior impacto pode ser causado. Portanto, em concordância com Foster e Briceno-Garmendia (2010), este estudo recomenda um maior compromisso com os fundos de manutenção e desencoraja fortemente a negligência das estradas disponíveis até que elas precisem de reabilitação. A prudência financeira é suscetível de ser alcançada se os poucos recursos disponíveis forem usados na manutenção preventiva, e quaisquer poupanças realizadas podem então ser atribuídas a outros serviços de infra-estruturas suaves.

5.1.5 Prosseguir as reformas institucionais

As reformas institucionais estão, até agora, na direção certa e devem, portanto, continuar. Desta vez, deve ser feito um maior esforço para ter políticas de transporte reactivas que diversificarão e reduzirão a dependência excessiva das estradas. Também deve ser dada mais ênfase à melhoria da capacidade dos Fundos Rodoviários para melhorar a sua coleta e administração de receitas (Ado-Abedi, 2007). Os governos individuais devem, portanto, formar e reter o seu pessoal técnico tal como o Botswana está a fazer atualmente. Estas reformas, com uma melhor ligação à campanha anti-corrupção, são susceptíveis de melhorar os níveis de financiamento das estradas.

Outra reforma institucional atrasada deve ser a descentralização das funções do sector rodoviário para as autoridades locais. Por exemplo, as estradas rurais do Malawi ainda são maioritariamente geridas pelo governo central (Kulemeka, 2010). Isto significa que a Capital Hill tem de organizar a manutenção de uma ponte rural muito longe da Capital (Lilongwe) e, no entanto, os governos locais estão lá mas não recebem os fundos para o fazer. Isto não só não é realista como também é totalmente irracional! A delegação destas funções ajudará a melhorar as infra-estruturas rodoviárias através de uma manutenção atempada e de um melhor controlo por parte dos governos locais.

5.1.6 Aplicar as AIAS

Por fim, o estudo recomenda uma avaliação incondicional do impacto ambiental e social, que deve ser participativa para uma abordagem holística da redução da pobreza. Se isto for ignorado, as "redes rodoviárias na África Subsariana [tornar-se-ão] estrangulamentos para o desenvolvimento socioeconómico" (Ado-Abedi, 2007, p.2) através do esgotamento dos recursos naturais e das reinstalações involuntárias. Nos casos em que a AIAS recomenda a reinstalação, esta deve ser efectuada de forma a dar aos meios de subsistência das populações a prioridade que merecem. A reconstrução dos meios de subsistência e as abordagens baseadas nos direitos devem ser utilizadas para garantir que as pessoas reinstaladas não sejam sujeitas a um maior empobrecimento (Cernea, 1997; Lorgen, 2000). E, finalmente, sempre que possível, a AIAS deve ser efectuada localmente, uma vez que a questão da externalização não só é dispendiosa, como também carece de acompanhamento local e de participação pública (O'Faircheallaigh, 2010).

5.2 LIMITAÇÕES DO ESTUDO E ÁREAS DE INVESTIGAÇÃO FUTURA

Esta tese não pode pretender ter esgotado as várias questões levantadas, e as recomendações feitas podem ainda ser investigadas para testar a sua relevância para a ASS. Por enquanto, a ASS tem credenciais notavelmente fracas tanto em termos de transparência como de desenvolvimento de infra-estruturas. Uma análise detalhada de estudos de caso envolvendo alguns países pode ajudar a validar ainda mais a conclusão de que uma ação coordenada de combate à corrupção é um requisito fundamental para o progresso no sector rodoviário. Isto complementará as conclusões deste estudo de que muitos desafios no sector rodoviário ainda podem ser atribuídos à corrupção.

5.3 OBSERVAÇÕES FINAIS DO ESTUDO

Em conformidade com os objectivos e o âmbito desta tese, foi demonstrado que a infraestrutura rodoviária tem o potencial de contribuir positivamente para a redução da pobreza na África Subsariana. Sendo o meio de transporte mais utilizado e, em outras áreas, o único meio de transporte tanto para passageiros como para carga, é lógico que o sector esteja bem coordenado para obter melhores resultados. A prioridade dada à manutenção das estradas existentes e à construção de novas estradas com base numa abordagem de bem-estar social é, portanto, há muito necessária para o benefício de muitas pessoas pobres. Portanto, foi demonstrado que as micro-infra-estruturas como as estradas rurais podem fazer uma diferença tremenda na redução da pobreza, em conformidade com o primeiro objetivo do estudo.

No entanto, a deficiente rede rodoviária da região é reveladora dos desafios que afectam o sector rodoviário. Entre os muitos, três foram identificados: a corrupção, os constrangimentos financeiros e os problemas ambientais. Conhecer estes desafios é crucial a fim de encontrar melhores estratégias para os resolver, como diz um provérbio senegalês *o que não se sabe não existe* (Ba, 1986). Uma longa discussão sobre estes desafios, tal como foi feita no capítulo três, cumpriu o segundo objetivo desta dissertação.

Ao cumprir o objetivo final desta tese, as avaliações da política de desenvolvimento e da reforma institucional encontraram resultados encorajadores de que os DERP estão, até certo ponto, a reconhecer a importância das estradas, embora muito mais possa ser feito. A fraca coordenação entre as políticas está a diluir os esforços para reduzir a pobreza e isto precisa de ser resolvido. As políticas não estão a reconhecer sistematicamente os desafios identificados neste estudo, fazendo com que os esforços para melhorar o sector de estradas muitas vezes não alcancem o que é mais importante. Portanto, recomendou-se que deve haver uma cobertura melhorada das estradas nos documentos de políticas; os governos em causa devem ser mais transparentes e responsáveis; devem-se mudar as abordagens para as prioridades de investimento em estradas; devem-se continuar com as reformas institucionais; e, mais importante, devem-se implementar programas de estradas amigos do ambiente para o melhoramento de todos os utentes.

O autor espera que este trabalho seja considerado útil por todos os que pretendem reduzir a pobreza na África Subsariana, a partir de uma estratégia ligeiramente diferente, como a melhoria das infra-estruturas rodoviárias, utilizando as perspectivas e os desafios discutidos. As perspectivas devem funcionar como atracções de investimento; com o conhecimento dos desafios usados para conceber melhores estratégias de mitigação e iniciar quaisquer mudanças políticas necessárias na África Subsariana. Isto, portanto, cumpre o objetivo geral desta dissertação, uma vez que as perspectivas e os desafios do desenvolvimento da infraestrutura rodoviária numa perspetiva de redução da pobreza foram devidamente analisados.

6.0 REFERÊNCIAS

Ackah-Baidoo,A.(2012). Desenvolvimento de Enclaves e "Responsabilidade Social Empresarial Off-shore": Implications for Oil-rich Sub-Saharan Africa. *Resources Policy,37* (2), 152-159.

Addo-Abedi, F.Y. (2007). *Challenges in Financing Road Maintenance in Sub-Sahara Africa (Desafios no Financiamento da Manutenção de Estradas na África Subsariana). DRE*:http://www.roadsfundtz.org/web/pdf/session%207/CHALLENGES%20IN%20FINANCING%20ROAD%20MAINTENANCE%20IN%20SUBSAHARAN%20%20%20%20%20%20AFRICA.pdf. [acedido em 23 de abril de 2012].

Grupo do Banco Africano de Desenvolvimento (2004).*Malawi: Assistência do Grupo do Banco ao Sector dos Transportes.* Departamento de Operações e Avaliação do BAD.

Banco Africano de Desenvolvimento. (2010). *Infra-estruturas - Banco Africano de Desenvolvimento.* URL:http://www.afdb.org/en/topics-sectors/sectors/infrastructure/ [acedido em 17 de abril, 2012].

Agudelo, C., Rivera B., Tapasco, J. e Estrada, R. (2003). Designing Policies to Reduce Rural Poverty and Environmental Degradation in a Hillside Zone of the Colombian Andes. *Desenvolvimento Mundial,* 31(11),1921-1931.

Ajakaiye, O. e Ncube, M. (2010). Infra-estruturas e desenvolvimento económico em África: An Overview. *Journal of African Economies*, 19,3-12.

Anderson, D.E. e Andersson, A.E. (2008). Infrastructural change and Secular Economic Development. *Technological Forecasting & Social Change*,75,799-816.

Annisette, M. (2004). A verdadeira natureza do Banco Mundial. *Perspectivas Críticas da Contabilidade,*

15, 303-323.

Aschauer,D. (1989). Is Public Expenditure Productive? *Journal of Monetary Economics,23,177-* 200.

Assan, J.K. e Kumar, P. (2009). Introduction:Livelihood Options for the Poor in the Changing Environment (Introdução: Opções de subsistência para os pobres num ambiente em mudança). *Journal of International Development,* 21, 393-402.

Ba, M. (1986). *Scarlet Song.* Harlow: Longman.

Banister, D. e Berechman,J. (2000). *Transport Investment and Economic Development.* London: UCL Press.

Barrett, C.B., Reardon, T., e Webb, P. (2001). Nonfarm Income Diversification and Livelihood Strategies in Rural Africa (Diversificação dos rendimentos não agrícolas e estratégias de subsistência na África rural): Concepts, Dynamics and Policy Implications. *Food Policy,* 26 (4), 315-331.

Benitez-Lopez, A., Alkemade, R. e Verweij, P.A. (2010). The Impacts of Roads and Other Infrastructure on Mammal and Bird Populations (Os Impactos das Estradas e Outras Infra-estruturas nas Populações de Mamíferos e Aves): A Meta-analysis. *Biological Conservation,* 143, 1307-1316.

Bhaumik, S.K. (2005). Does the World Bank Have any Impact on Human Development of the Poorest Countries? Some Preliminary Evidence from Africa. *Economic Systems,* 29(4), 422-432.

Blum, U. (1982). Effects Of Transportation Investment on Regional Growth: A Theoretical and Empirical Investigation. *Papers and Proceedings of the Regional Science Association,* 49, 169-184.

Bond, J.W. (1996). *How European Commission and World Bank Policies are Destroying Agriculture and the Environment: A European and Third World Perspective.* Alkmaar: AgBe Publishing.

Botham, R. W. (1980) The Regional Development Effects of Road Investment. *Transport Planning-and Technology,* 6, 97-108.

Briceno-Garmendia, C., Smits, K. e Foster, V. (2008). *Financing Public Infrastructure in SubSaharan Africa: Patterns and Emerging Issues.* Washington DC: Banco Mundial.

Brushett,S. (2005). Gestão e Financiamento de Infra-estruturas de Transporte Rodoviário em África. Programa de Política de Transportes da África Subsaariana, (Documento de Discussão No. 4). *Gestão e Financiamento de Estradas - Série RMF.* Washington DC: O Banco Mundial.

Bryan,J., Hill, S., Munday,M. e Roberts, A. (1997). Road infrastructure and economic development in the periphery: the case of A55 improvements in North Wales. *Journal of Transport Geography,5(4),227-237.*

Bryceson, D.F., Bradbury, A. e Bradbury, T. (2008). Roads to Poverty Reduction? Exploring Rural Roads' Impact on Mobility in Africa and Asia. *Development Policy Review,26,4(7),* 459-482.

Bulte, E.H., e van Soest, D.P. (2000). Environmental Degradation in Developing Countries (Degradação Ambiental nos Países em Desenvolvimento):

Households and the Reverse Environmental Kuznets Curve" (As famílias e a curva de Kuznets ambiental invertida). *Journal of Development Economics,* 65, 225-235.

Buys, P., Deichmann, U. e Wheeler, D. (2006). *Road Network Upgrading and Overland Trade Expansion in Sub-Saharan Africa (Melhoria da Rede Rodoviária e Expansão do Comércio Terrestre na África Subsariana).* (Documento de Trabalho de Investigação de Políticas do Banco Mundial 4097). Washington DC: Banco Mundial.

Caiden, G. E., Dwivedi, O. P., e Jabbra, J. (2001). Introduction.in *Where corruption lives.(G.* E. Caiden, O. P. Dwivedi, & J. Jabbra, Eds.). BloomWeld CT: Kumarian Press.

Calvo, C.M. (1998). *Options for Managing and Financing Rural Transport Infrastructure.* (Documento Técnico 411 do Banco Mundial). Washington DC: Banco Mundial.

Celentani, M. e Ganuza, J. (2002). Corruption and Competition in Procurement. *European Economic Review,* 46, 1273-1303.

Cernea, M. (1997). The Risks and Reconstruction Model for Resettling Displaced Populations (O Modelo de Riscos e Reconstrução para a Reinstalação de Populações Deslocadas). *World Development,* 25 (10), 1569 -1587.

Collier, P., Guillaumont, P., Guillaumont, S. e Gunning, J.W. (1997). Redesigning Conditionality. *World Development,* 25 (9),1399-1407.

Collier, P. (2008). *The Bottom Billion: Why the Poorest Countries are Failing and What Can Be Done About It.* Oxford: Oxford University Press.

Cook, P. (2011). Infra-estruturas, eletrificação rural e desenvolvimento. *Energia para o Desenvolvimento Sustentável*, 15(3), 304-313.

Craig, D. e Porter, D. (2003). Documentos de Estratégia para a Redução da Pobreza: A New Convergence. *World Desenvolvimento,* 31(1), 53-69.

Crossley, P. (1998). An Expert System for the Prediction of Total Vehicle Road Operating Costs in Developing Countries [Um Sistema Especialista para a Previsão dos Custos Totais de Exploração Rodoviária dos Veículos nos Países em Desenvolvimento]. *Computadores e Eletrónica na Agricultura, 21(3),* 169-180.

Daly,H. e Farley,J.(2011). *Ecological Economics. Principles and Applications.* 2nd Ed. Washington DC: Island Press.

Demurger, S. (2001). Infrastructure Development and Economic Growth: An Explanation for Regional Disparities in China? *Journal of Comparative Economics,* 29, 95-117.

Dercon, S., Gilligan, D.O., Hoddinott, J. e Woldehanna, T. (2009). The Impact of Agricultural Extension and Roads on Poverty and Consumption Growth in Fifteen Ethiopian Villages [O Impacto da Extensão Agrícola e das Estradas na Pobreza e no Crescimento do Consumo em Quinze Aldeias Etíopes]. *American Journal of Agricultural Economics* , 91(4), 1007-1021.

Dodgson, J. S. (1974) Motorway Investment, Industrial Transport Costs and Sub-regional Growth - A Study of the M62. *Regional Studies,* 8, 75-91.

Dorosh,P., Wang,H., You, L., e Schmidt, E. (2009). *Crop Production and Road Connectivity in Sub-Saharan Africa: A Spatial Analysis.* (Documento de Trabalho sobre Políticas do Banco Mundial 5385). Washington DC: Banco Mundial.

Duraiappah, A.K. (1998). Poverty and Environmental Degradation: A Review and Analysis of the Nexus. *World Development,* 26 (12), 2169-2179.

Everett, J., Neu,D. e Rahaman, A.S. (2007). Accounting and the Global Fight Against Corruption (Contabilidade e a luta global contra a corrupção). *Accounting, Organizations and Society,* 32, 513-542.

Fan, S. e Chan-Kang, C. (2008). Regional Road Development, Rural and Urban Poverty (Desenvolvimento Rodoviário Regional, Pobreza Rural e Urbana): Evidence from China. *Transport Policy,* 15,305-314.

Fay, M., e Yepes, T. (2003). *Investing in Infrastructure: What is Needed From 2000 to 2010* (World

Bank Research Working Paper 3102). Washington DC: Banco Mundial.

Forman, R.T.T. e Alexander, L.E. (1998). Estradas e seus principais *efeitos* ecológicos. *Revisão Anual de Ecologia e Sistemática,* 29, 207-231.

Forman, R.T.T., Sperling, D., Bissonette, J.A., Clevenger, A.P., Cutshall, C.D., Dale, V.H.,Fahrig, L., France, R., Goldman, C.R., Heanue, K., Jones, J.A., Swanson, F.J., Turrentine, T., Winter, T.C. (2003). *Road Ecology: Science and Solutions.* Washington: Island Press.

Foster, V. e Briceno-Garmendia, C. (eds.)(2010). *Africa's Infrastructure: A Time for Transformation.* Washington DC: The Word Bank.

Gachassin, M., Najman, B. e Raballand, G. (2010). *The Impact of Roads on Poverty Reduction : A Case Study Of Cameroon.* (Documento de Trabalho de Investigação Política do Banco Mundial 5209). Washington DC: Banco Mundial.

Green, M. e Hulme, D. (2005). From Correlates and Characteristics to Causes: Thinking About Poverty From a Chronic Poverty Perspective. *World Development,* 33 (6), 867-879.

Governo da Tanzânia, (1996). Comissão Presidencial de Inquérito contra a Corrupção. *Relatório sobre o Estado da Corrupção no País*. Dar es Salaam.

Governo da Zâmbia, 2010. *Relatório do Auditor Geral sobre a Agência de Desenvolvimento Rodoviário para o período de janeiro de 2006 a setembro de 2009*. URL: *http://www.scribd.com/doc/33544699/2006-2009-Auditor-General-Reporton-Roads-Development-Agency.* [acedido em 12 de junho de 2012].

Gwilliam,K., Sethi, K., Nogales, A. e Foster,V. (2010). Estradas: Broadening the Agenda. Em *Africa's Infrastructure: A Time for Transformation.* (V. Foster e C. Briceno-Garmendia, Eds.). Washington DC: Banco Mundial.

Handley, G., Higgins, K., Sharma, B., Bird, K. e Cammack, D. (2009). *Poverty and Poverty Reduction in Sub-Saharan Africa (Pobreza e Redução da Pobreza na África Subsariana): An Overview of Key Issues.* Londres: Overseas Development Institute.

Hanjra,M. A., Ferede, T., e Gutta, D.G. (2009). Reducing Poverty in Sub-Saharan Africa Through Investments in Waterand Other Priorities (Redução da Pobreza na África Subsariana através de Investimentos na Água e Outras Prioridades). *Agricultural Water Management,* 96,1062-1070.

Hargreaves, J.R., Morison, L.A., Gear, J.S.S., Makhubele, M.B., Porter, J.D.H., Busza, J., Watts, C., Kim, J.C. e Pronyk, P.M. (2007). "Hearing the Voices of the Poor": Assigning Poverty Lines on the Basis of Local Perceptions of Poverty. A Quantitative Analysis of Qualitative Data from Participatory Wealth Ranking in Rural South Africa. *World Development,* 35(2), 212-229.

Henry, R.K., Yongsheng, Z. e Jun, D. (2006). Country Report: Municipal Solid Waste Management Challenges in Developing Countries-Kenyan Case Study. *Waste Management,* 26, 92-100.

Hilson, G. (2009). Small-scale Mining, Poverty and Economic Development in sub-Saharan África: An Overview. *Política de Recursos,* 34, 1-5.

Hilson, G., Maconachie, R. (2009). A boa governação e as indústrias extractivas na sub-região de Lisboa.

África do Saara. *Mineral Processing and Extractive Metallurgy Review.* 30 (1), 52-100.

Holl, A. (2004). Manufacturing Location and Impacts of Road Transport Infrastructure: Empirical Evidence from Spain. *Regional Science and Urban Economics,* 34, 341-363.

Homewood, K. (2005). *Rural resources and local livelihoods in Africa (Recursos rurais e meios de subsistência locais em África).* Nova Iorque: Palgrave.

Fundo Monetário Internacional, (2002). *Final DRAFT Malawi Poverty Reduction Strategy Paper.*

Washington DC: Serviços de Publicação do FMI.

Fundo Monetário Internacional, (2003). *Camarões: Documento de Estratégia para a Redução da Pobreza.* Relatório do FMI sobre o país nº 03/249. Washington DC: Serviços de Publicação do FMI.

Fundo Monetário Internacional, (2005). *República do Quénia: Poverty Reduction Strategy PaperInvestment Programme for the Economic Recovery Strategy for Wealth and Employment Creation, 2003-2007.* Relatório do FMI sobre o país nº 05/11. Washington DC: Serviços de Publicação do FMI.

Fundo Monetário Internacional, (2007). *Burundi: Documento de Estratégia para a Redução da Pobreza.* IMF Country Report No. 07/46, Washington DC: Serviços de Publicação do FMI.

Fundo Monetário Internacional, (2012). *Quénia: Documento de Estratégia de Redução da Pobreza*

-

Relatório de Progresso

. Relatório de país do FMI n.º 12/10. Washington DC: Serviços de Publicação do FMI.

Iyenda, G. (2007). Researching Urban Poverty in Sub-Saharan Africa (Investigação sobre a Pobreza Urbana na África Subsariana). *Desenvolvimento na Prática,* 17 (1), 27-38.

Jaarsma, C.F. e van Dijk, T. (2002). Financing Local Rural Road Maintenance. Quem deve pagar Que quota e porquê? *Transportation Research Part A,* 36, 507-524.

Karekezi, S. (2002). Poverty and Energy in Africa-A Brief Review (Pobreza e Energia em África - Uma Breve Análise). *Política Energética,* 30, 915-919.

Karl, T.L.(1997). *The Paradox of Plenty: Oil Booms and Petro-States.* Los Angeles: University of California Press.

Kelly, V., Adesina, A.A. e Gordon A. (2003). Expanding Access to Agricultural Inputs in Africa: A Review of Recent Market Development Experience. *Food Policy,* 28, 379-404.

Kessler, J.J. e Van Dorp, M. (1998). Structural Adjustment and the Environment: the Need for an Analytical Methodology. *Ecological Economics, 27 (3),* 267-281.

Kilby, C. (2005). World Bank Lending and Regulation. *EconomicSystems,29,* 384-407.

Kilby, C. (2009). The Political Economy of Conditionality: An Empirical Analysis of World Bank Loan Disbursements. *Journal of Development Economics,* 89, 51-61.

Klees, S.J. (2002). World Bank Education Policy: New Rhetoric, Old Ideology. *International Journal of Educational Development*, 22, 451-474.

Kothari, U. e Minogue, M. (2002). *Teoria e prática do desenvolvimento: perspectivas críticas.* Basingstoke: Palgrave.

Klitgaard, R. (1994). Um quadro para um programa nacional contra a corrupção. Em *Accountability and transparency in international development: The launching of transparency international (F. Galtung, Ed.).* Berlin: Laserline GmbH.

Kulemeka, P. (2010). *O Sector das Estradas no Malawi.* Documento de Conferência: Primeiro AFCAP Practitioners

Conferência, Adis Abeba: 23 - 25 de novembro de 2010. URL:

https://www.afcap.org/Documents/The%20roads%20sector%20in%20Malawi.pdf.

[acedido em 23 de junho de 2012].

Lall, S.V., Wang, H. e Munthali, T. (2009). Explaining High Transport Costs Within Malawi: Bad Roads or Lack of Trucking Competition? (Documento de Trabalho de Investigação de Políticas do Banco Mundial 5133). Washington DC: Banco Mundial.

Leinbach, T.R. (1995). Transport and Third World Development: Review, Issues, and Prescription. *Transport Research Part A: Policy and Practice,* 29(5), 337-344.

Limao, N. e Venables, A.J. (2001). Infrastructure, Geographical Disadvantage, Transport Costs and Trade (Infra-estruturas, desvantagem geográfica, custos de transporte e comércio). *The World Bank Economic Review,* 15(3), 451-479.

Linneker, B. e Spence, N (1996). Road Transport Infrastructure and Regional Economic Development. The Regional Development Effects of the M25 London Orbital Motorway. *Journal of Transport Geography,* 4(2), 77-92.

Lorgen, C.C. (2000). *Villagisation in Ethiopia, Mozambique, and Tanzania.* URL:http://apps.webofknowledge.com/full_record.do?page=1&qid=19&log_event=no &viewType=fullRecord&SID=2BFilho4Dbdj18JPa4e&product=WOS&doc=3&search_mod e=GeneralSearch [acedido em 23 de dezembro de 2011].

Luiz, J. (2010). O Investimento em Infra-estruturas e o seu Desempenho em África ao Longo do Século XX. *Revista Internacional de Economia Social,* 37 (7),512-536.

Governo do Malawi, (2009). Estratégia de crescimento e desenvolvimento do Malawi: From Poverty to Prosperity,2006-2011.UR: http://psip.malawi.gov.mw/reports/docs/mgds_summary(9priority).pdf [acedido a 25 de julho de 2012].

Martinez, A.J.T.(2001). Políticas de manutenção de estradas na África Subsaariana: Problemas não resolvidos e estratégias de atuação. *Política de Transporte,* 8,257-265.

Mas, M., Maudos, J., Perez, F. e Uriel, E. (1996). Infra-estruturas e produtividade nas regiões espanholas. *Estudos Regionais,* 30 (7), 641-649.

Messick, R. (2011). *Curbing Fraud, Corruption, and Collusion in the Roads Sector.* Washington DC: Banco Mundial INT.

Momtaz, S. (2005). Institucionalização da avaliação do impacto social na gestão dos recursos do Bangladesh: limitações e oportunidades. *Environmental Impact Assessment Review*, 25(1), 19-27.

Naude, W. (2008). *Conflict, Disasters, and No Jobs: Reasons for International Migration from Sub-Saharan Africa.* Helsínquia: Instituto Mundial de Economia e Investigação para o Desenvolvimento da Universidade das Nações Unidas (UNU WIDER).

Naude, W. e Matthee, M. (2007). The Significance of Transport Costs in Africa (O significado dos custos de transporte em África). *Documento de Investigação UNU-WIDER UNUPB5/2007.* URL: http://www.wider.unu.edu/stc/repec/pdfs/rp2007/pb05-2007.pdf [acedido em 24 abril de 2012].

Nega, T., Smith, C., Bethune, J. e Fu, W. (2012). Uma análise da penetração da paisagem por Infra-estruturas rodoviárias e ruído de tráfego. *Computers,Environment and Urban Systems,36,245-256.*

Nelson, J.M. (1996). Promoting Policy Reforms: The Twilight of Conditionality? *World Development,* 24(9), 1551-1559.

Nelson, P.J. (2007). Human Rights, the Millennium Development Goals, and the Future of Development Cooperation [Direitos Humanos, Objectivos de Desenvolvimento do Milénio e o Futuro da Cooperação para o Desenvolvimento]. *World Development,* 35 (12), 2041-2055.

Obare, G.A., Omamob, S.W. e Williams, J.C.(2009). Smallholder Production Structure and Rural Roads in Africa: the Case of Nakuru District, Kenya. *Agricultural Economics,* 28 , 245-254.

OCDE (2006). *Promover o crescimento a favor dos pobres: Key policy messages.* Paris: OCDE. http://www.oecd.org/dataoecd/0/61/37852580.pdf.[acedido em 31 de maio de 2012].

O'Faircheallaigh, C. (2010). Participação pública e avaliação de impacto ambiental: Purposes, Implications, and Lessons for Public Policy making. *Environmental Impact Assessment Review*, 30, 19-27.

Oluka, P.S. e Ssennoga, F. (2008). *Tackling Corruption in Public Procurement: Case of Local Government in Uganda*, Documento preparado para a 3ª Conferência Internacional sobre Contratos Públicos, G3. URL: *http://www.unpcdc. org/media/13246/tacklg%20corrup%20in%20 pp%20loc%20govt%20in%20uganda.pdf* [acedido em 23 de junho de 2012].

Olsson, J. (2009). Improved Road Accessibility and Indirect Development Effects: Evidence from Rural Phillipines. *Journal of Transport Geography,* 17,476-483.

Parker, D., Kirkpatrick, C. e Figuera-Theodorakapoulou, C. (2008). Infrastructure Regulation and Poverty Reduction in Developing Countries: *A Review of Economics and Finance,48,177-188.*

Patterson, W.D.O., e Chaudhuri, P. (2007). Making Inroads on Corruption in the Transport Sector Through Control and Prevention". Em *The Many Faces of Corruption: Tracking Vulnerabilities at the Sector Level.* (J.E. Campos e S. Pradhan, Eds.). Washington D.C.: Banco Mundial.

Payer, C. (1982). *O* Banco Mundial/ *uma análise crítica.* New York: Monthly Review Press.

Porter, G. (2002). Living in a Walking World: Rural Mobility and Social Equity Issues in SubSaharan Africa (Mobilidade Rural e Questões de Equidade Social na África Subsariana). *World Development,* 30(2), 285-300.

Porter, S. (2005). *Enhancing Rural Road Policy: The Case for the Incorporation of the Capabilities*

Approach into Rural Road Appraisal in Africa. Documento de Trabalho CSSR No. 115. Cidade do Cabo: O Centro de Pesquisa de Ciências Sociais, Universidade da Cidade do Cabo.

Reardon, T. e Vosti, S.A. (1995). Links Between Rural Poverty and the Environment in Developing Countries: Asset Categories and Investment Poverty. *World Development*, 23,(9),1495-1506.

Rose-Ackerman, S. (1978). *Corruption: A Study in Political Economy*. New York: Academic Press Inc.

Rose-Ackerman, S., (1996). Redesigning the State to Fight Corruption. *Public Policy for Private Sector,* Washington DC: Banco Mundial.

Ross, M.L. (2001). Does oil hinder democracy? *World Politics,* 53 (3), 325-361.

Ross, M.L. (2003). Oil, Drugs and Diamonds: The Varying Roles of Natural Resources in Civil War. Em *The Political Economy of Armed Conflict: Beyond Greed and Grievance.* (K. Ballentine e J. Sherman, eds.). Boulder: Lynne Rienner Publishers, Inc.

Sachs, J.D. (2005). *The End of Poverty : How We Can Make it Happen in Our Lifetime.* London: Penguin Press.

Sachs, J.D., e Warner, A.M., (1995). *Natural Resource Abundance and Economic Growth.* Cambridge: National Bureau of Economic Research Working Paper 5398.

Santos, G., Behrendt, H. e Teytelboym, A. (2010). Parte II: Instrumentos de política para o transporte rodoviário sustentável. *Investigação em Economia dos Transportes,* 28, 46-91.

Scherr, S.J. (2000). A Downward Spiral? Research Evidence on the Relationship Between Poverty and Natural Resource Degradation. *Food Policy,* 25, 479-498.

Sen, A. (1999). *Development as freedom.* New York: Random House.

Shandra, J.M., Shircliff, E. e London, B. (2011). The International Monetary Fund, World Bank, and

Structural Adjustment: A Cross-national Analysis of Forest Loss. *Social Science Research,* 40(1), 210-225.

Shilling,J.D., Chomitz,K. e Flanagan, A.E. (2007). *The Nexus Between Infrastructure and Environment: From the Evaluation Cooperation Group of the International Financial*

/(*Dossier* de Avaliação 5). Washington DC: Grupo de Avaliação Independente, The Banco Mundial.

Shurenberg-Frosch, H. (2011). *Um modelo serve para todos? Determinantes dos custos de transporte entre sectores e grupos de países.* Documentos de discussão 122 do Centro de Investigação sobre Governação Europeia e Desenvolvimento Económico. URL: http://wwwuser.gwdg.de/~lstohr/cege/Diskussionspapiere/122_schuerenberg- frosch.pdf. [acedido em 22 de abril de 2012].

Sieber, N. (2011). *Combater a Corrupção no Sector dos Transportes Rodoviários (SUT TD#10). URL:* http://www.sutp.org/index.php/login-form placeholder? return=aW5kZXgucGhwP29wdGlvbj1jb21fcGhvY2Fkb3dubG9hZCZ2aWV3PWNhdGVnb3J5JmlkPTE1ODp0ZDEwJkl0ZW1pZD0w. [acedido em 26 de julho de 2012].

Simon, D. (1987) Spanning Muddy Waters: the Humber Bridge and Regional Development. *Regional Studies,* 21(1), 25-36.

Stern, D.I., Common, M.S. e Barber, E.B. (1996). Economic Growth and Environmental Degradation: The Environmental Kuznets Curve and Sustainable Development. *World Development,24(7),* 1151-1160.

Stewart, F. (1995). *Ajustamento e Pobreza: Options and Choices.* London: Routledge.

Swallow, B. (2005). Potential for Poverty Reduction Strategies to Address Community Priorities:

Case Study of Kenya. *World Development,* 33 (2), 301-321.

Programa das Nações Unidas para o Desenvolvimento (1990). *Relatório sobre o Desenvolvimento Humano.* Oxford: Oxford University Press.

Vagliasindi, M. Nellis, J. (2009). Evaluating Africa's Experience with Institutional Reform for the Infrastructure Sectors. *Documento de Trabalho 23, Africa Infrastructure Country Diagnostic,* Washington DC: Banco Mundial.

Van de Walle, D. (2002). Choosing Rural Road Investments to Help Reduce Poverty. *World Development,* 30(4), 575-589.

Wanmali, S. e Islam, Y. (1997). Rural Infrastructure and Agricultural Development in Southern Africa: A Centre-Periphery Perspective. *The Geographical Journal,* 163 (3), 259-269.

Watts, M. (2005). Resource Curse? Govermentality, Oil and Power in the Niger Delta, Nigéria. Em *The Geopolitics of Resource Wars: resource Dependence, Governance and Violence* (P. Le Billon, ed.). Londres: Frank Cass.

Willis, K. (2011). *Teorias e Práticas do Desenvolvimento.* 2nd Ed. Londres: Routledge.

Banco Mundial, (2004). *Involuntary Resettlement Sourcebook: Planning and Implementation in Development Projects.* Washington DC: Banco Mundial.

Banco Mundial, (2009). Dissuasão da Corrupção e Melhoria da Governação na Construção de Estradas e

Manutenção. *Transport Papers, 27,* Washington DC: Banco Mundial.

Printed by Books on Demand GmbH, Norderstedt / Germany